LA TEOLOSIS©, LA BIBLIA Y LA CIENCIA

Las ciencias humanas y naturales en el contexto de la ciencia divina, y su aplicación en nuestra formación y crecimiento en Dios.

Elvin Heredia, PhD.

CONTENIDO

© ® 2016
La Teolosis, la Biblia y la Ciencia
ISBN 978-0-9842817-9-4
Todos los pasajes bíblicos utilizados son de la Santa Biblia Reina Valera 1960, a menos que se indique otra versión en especifico.

Información y Pedidos:
Amazon.com y elvinheredia@hotmail.com

Otros libros de la colección de TEOLOSIS®

© ® 2006
Teolosis: Formación y Crecimiento en Dios
ISBN 978-0-9842817-0-1
© ® 2013
La Teolosis y los Refranes Populares
ISBN 978-0-9842817-1-8
© ® 2014
La Teolosis, la Psicología Cristiana y el Dr. Jesucristo
ISBN 978-0-9842817-2-5
© ® 2014
La Teolosis y la Misión de la Iglesia
ISBN 978-0-9842817-3-2
© ® 2014
La Teolosis, el Matrimonio y la Familia
ISBN 978-0-9842817-4-9
© ® 2014
La Teolosis y la Navidad
ISBN 978-0-9842817-5-6
© ® 2015
La Teolosis y el Fruto del Espíritu
ISBN 978-0-9842817-6-3
© ® 2015
La Teolosis y La Mujer
ISBN 978-0-9842817-7-0
© ® 2015
La Teolosis y La Semana Santa
ISBN 978-0-9842817-8-7

INTRODUCCIÓN

La Biblia está llena de ciencia. Tiene psicología, filosofía, biología, química, física, medicina deportiva, geología y muchas otras más. Cada ciencia estudia los distintos fenómenos que rodean la vida del ser humano. Por otro lado, Dios es el Creador del ser humano y de todo lo que le rodea. Si estamos de acuerdo con esta aseveración, y si estamos de acuerdo en aceptar que la teología es la ciencia de Dios, podemos concluir diciendo que la teología pudiera ser la ciencia divina que considera todas las otras ciencias humanas.

De hecho, me parece que esta es una verdad muy cierta. Dios es el Dios de toda ciencia. En este sentido, lo que pudiéramos pretender con este libro es darle otro significado a la teología, llevando las ciencias humanas al contexto de la ciencia divina, pero a la vez explicando la ciencia divina en términos comprensibles, dándole una forma visible a través de las ciencias humanas. Dios explica, enseña y capacita en toda ciencia. Ahora queremos que la ciencia cumpla con el propósito para lo que fue creada: Explicarnos a Dios.

A veces me pregunto: ¿Por qué algunos insisten en disociar la ciencia humana de la ciencia de Dios, si la primera no existiría sin la segunda?

Lo interesante del caso es que constantemente estamos viendo la ciencia de Dios en la ciencia del hombre.

- En los neumáticos y el sistema de frenos de los autos.
- En el analgésico que nos alivia el dolor de cabeza.
- En todo el proceso neurológico que ocurre en el cerebro cuando el ojo capta una imagen.
- En la energía eléctrica, las ciencias robóticas y la aerodinámica espacial.

Este es precisamente el propósito de este libro. Crear conciencia en el lector de la realidad de que constantemente estamos en una dinámica de crecimiento y transformación en nuestra experiencia de vida cristiana, y de que la misma es una de constante aprendizaje. Siempre ocurren situaciones y eventos en nuestra vida que nos hacen reevaluar, aprender y hasta desaprender lo que hasta el momento sabemos de Dios.

Nuestro deseo es renovar el pensamiento, descubrir verdades, penetrar misterios, encontrar respuestas. Todo esto, a medida avanzamos en nuestra experiencia de fe.

En nuestro caminar con Dios. En nuestra vivencia como cristianos. En nuestra *teolosis.*

DEDICATORIA

Al Dios Todopoderoso, mi Señor y Salvador, Creador y Dador de toda ciencia y sabiduría. Todo es por Ti y para Ti Nunca podré agradecerte lo suficiente.

A mi amada esposa Carmencita. Gracias le doy a Dios por ti, pues realmente no hice nada para que Dios me diera tanto. Dios ha sido extraordinariamente bueno conmigo, y eso se nota a simple vista. Eso no es ninguna ciencia.
¡Te Amo!

A todos aquellos pastores, doctores, maestros, profesionales y gente de oficio quienes compartieron conmigo su ciencia en el quehacer de sus labores. Ustedes saben quiénes son. Reciban mi más profunda admiración y agradecimiento.

Y, por supuesto, a mis fieles y amados lectores y hermanos en Cristo. Gracias por tanto apoyo y cariño. Que Nuestro Señor Jesucristo imparta sabiduría y gracia a sus vidas mediante este humilde trabajo.

¡Feliz teolosis!

LA TEOLOSIS, LA BIBLIA Y LA CIENCIA

ANTIVIRUS

Lectura: Josué 5:8-12

Hace unos años, cuando trabajaba como contable para una compañía de distribución de productos de belleza, se me pidió ocupar la posición de Director de Compras. A tales efectos, mi posición como contable fue ocupada por otra persona. Al cabo de unos 3 meses, la persona que ocupó mi posición fue despedida, por lo que la empresa decidió regresarme a mi antiguo puesto de contable.

Noté algo extraño casi de inmediato. La computadora estaba procesando la información muy lentamente, y muchos de los archivos de trabajo estaban alterados o habían desaparecido. Le comuniqué al programador de computadoras de la compañía lo que estaba pasando y él procedió a verificar mi sistema. Su hallazgo no pudo ser más desconcertante para mí en ese momento: Mi computadora tenía un virus informático. Me sentí algo contrariado, pero me concentré mejor en buscar una solución al problema. Al preguntarle al programador acerca de lo que podíamos hacer para reparar la computadora, su respuesta fue aún más desconcertante. Era necesario borrar TODO lo que la computadora tenía almacenado en su disco duro, para luego reprogramarla con nueva información.

Afortunadamente yo tenía guardado algunos de los archivos importantes de trabajo, y aunque muchos otros archivos tuvieron que crearse nuevamente, el proceso de borrar, reprogramar y continuar trabajando no tardó mucho tiempo.

Cuando leía este pasaje del libro de Josué, tuve una impresión similar a la experiencia que acabo de narrarles. Muchas veces en nuestra vida nos ha tocado vivir la experiencia de tener que empezar de nuevo. De hecho, nuestra experiencia de conversión fue, sin duda, un nuevo comienzo. Más aún, cuando hemos afirmado en muchas ocasiones que nuestra experiencia de vida cristiana está constantemente provocando ajustes y reajustes en nuestra forma de pensar y de vivir.

Constantemente estamos aprendiendo cosas nuevas y desaprendiendo cosas viejas. Este es, precisamente, el significado de teolosis. Teolosis significa formación y crecimiento en nuestra experiencia divina. En nuestro conocimiento de Dios.

Yo prefiero destacar esta dinámica como una experiencia, y no como un proceso. Los procesos, por lo general, son procedimientos específicos en un orden específico. En ese sentido, nuestra experiencia de vida cristiana **no es** un proceso. Dios no establece procesos en las Escrituras. Dios establece principios.

Los procesos son más bien mecanismos que Dios utiliza para lograr la obra que ha comenzado en cada creyente. Así que, los procesos son de Dios; los principios son para nosotros. Si obedecemos los principios y estatutos que Dios establece en Su Palabra, Dios procesará Su obra en nosotros hasta que alcance su culminación total.

Por otra parte, muchos cristianos crecen y se fortalecen más rápidamente que otros. Por lo tanto, nuestra experiencia de vida cristiana es precisamente eso. Una experiencia.

Ahora bien, este pasaje que hemos considerado contiene unos procesos que Dios utiliza en nosotros para un desarrollo eficaz en nuestra experiencia de vida cristiana, siempre y cuando obedezcamos los principios establecidos en las Escrituras.

1. **Someternos al proceso de limpieza del disco duro.**

El pueblo de Israel había pasado el Jordán y acamparon en Gilgal. El pueblo pasaría ahora a tomar posesión de la tierra que Dios les había prometido. Sin embargo, era necesario hacer algo primero. Josué 5:3-7 nos indican que fue necesario circuncidar nuevamente al pueblo, pues los que habían sido circuncidados cuando el pueblo salió de Egipto ya habían muerto en el desierto.

Por tanto, el pueblo de Israel que tomaba posesión de la tierra prometida no era, precisamente, aquel pueblo que salió de Egipto con la promesa. No era el pueblo que había hecho pacto con Dios.

Por tanto, se hacía necesario que este nuevo pueblo se afirmara en el pacto con su Dios. Era necesario que este nuevo pueblo recordara y obedeciera los principios establecidos por el Dios que había hecho promesa a sus padres. Habían pasado por una serie de situaciones que contaminaron su comportamiento y su funcionamiento.

- Era necesario descontaminarse.
- Era necesario volver a acondicionar su sistema.
- Era necesario vaciarse de todos esos virus a los que se habían expuesto y que se habían acumulado en ellos a lo largo de los años.

Entonces, Dios comienza su proceso. Comienza una limpieza general. Comienza con un desprendimiento incómodo. Tal y como son los principios de obediencia. Requieren de nosotros sometimiento, aceptación, humillación. Requiere deponer nuestras actitudes personales y carnales y asumir una actitud de respuesta obediente, sencilla, humilde, total. La Palabra lo describe y lo establece como un principio para nosotros, y es un proceso de orden de parte de Dios.

En Efesios 4:22-23 nos dice la Escritura que es necesario que nos "desvistamos" del viejo hombre. Es después de este proceso de limpieza, y no antes, que ahora el pueblo está en condiciones de comenzar un nuevo pacto con su Dios. Es en este punto donde se hace posible que el pueblo pueda "vestirse" del nuevo hombre.

Un principio absoluto de las Escrituras en este sentido es que no es posible vestirnos del nuevo hombre sin habernos desvestido primero del viejo hombre. Aquí está establecido un orden inalterable. Es necesario desvestirse de lo viejo para luego vestirse de lo nuevo.

2. Descansar y sanar.

Luego de esta limpieza, sucedió algo que pudiera pasar desapercibido por muchas personas. Una vez se produce la circuncisión del pueblo, Josué 5:8 nos presenta otro proceso de parte de Dios que nosotros debemos aplicar a nuestra vida como un principio. Josué 5:8 nos indica muy específicamente que el pueblo permaneció en el mismo lugar *"hasta que sanaron"*.

Nosotros tenemos que entender algo muy claramente. Una vez que hemos aceptado someternos a la limpieza de Dios, es necesario permitir que Dios haga Su trabajo de manera total.

No es prudente que, ahora que Dios nos ha limpiado, nos arriesguemos a contaminarnos nuevamente con el virus que ha sido quitado de nosotros. Es un peligro muy serio volver a exponernos al virus del pecado. Tiene que existir en nosotros el propósito de mantenernos alejados de ese ambiente que tanto daño nos causó.

No se equivoque. Dios es Todopoderoso, pero usted no lo es. Una vez que usted ha sido limpiado del pecado, usted necesita un periodo de descanso. Usted necesita sanar de su circuncisión. Dios ha vendado sus heridas, pero sus heridas necesitan tiempo para sanar y cicatrizar. Usted necesita nutrirse y alimentarse adecuadamente para que sus defensas contra los virus sean adecuadas y resistentes.

Por otra parte, Josué 5:9 pareciera presentarnos una segunda parte en este proceso de Dios. Un proceso que es, en cierta forma, similar al principio que señalamos en Efesios 4:22-23.

Note usted que Jehová le dijo a Josué que en ese día Él había quitado el oprobio de Egipto de Su pueblo. ¿Sabe usted cuándo fue ese día? Fue el día en el que el pueblo ya había sanado completamente. La declaración de Dios en Josué 5:9 me hace pensar que no fue hasta que el pueblo sanó totalmente que realmente el pueblo estaba preparado para recibir tal declaración.

Mientras no estuvieran sanos, no estarían completamente libres de la opresión de Egipto. Nosotros somos perdonados de nuestros pecados, pero entender esa realidad muchas veces no se produce simultáneamente. Somos perdonados, pero conocer esta verdad y entenderla desde la perspectiva de Dios será lo que nos hará *"verdaderamente libres".*

Es necesario aclarar un asunto. La sangre de Cristo nos limpia de todo pecado. Es Cristo quien remueve el pecado de nuestras vidas, de nuestro disco duro. Pero no es suficiente que nuestro disco duro sea limpiado de cualquier virus. En el proceso hemos quedado vacíos. El disco duro está limpio, pero no está listo todavía para funcionar.

Es necesario, luego de la limpieza, recibir la programación necesaria para funcionar adecuadamente. La computadora podrá ser encendida, pero no funcionará. Se lo garantizo.

Tómelo con calma. No se desespere. Dios hará en usted grandes cosas. Eso es definitivo. Pero usted necesita sanar primero. Trabaje primero en su sanidad. Llénese de toda la programación de Dios.

- La programación anterior nos decía: "No eres de nadie". La programación nueva te dice: "Eres mío".

- La programación vieja te decía: "No vales nada". La programación nueva te dice: "Yo te compré. Tú vales mucho. Vales la sangre de Mi Hijo".
- La programación vieja te decía: "Tú no puedes". La programación nueva te dice: "Tú puedes. Yo te ayudo".

¿Ve ahora por qué muchos cristianos llevan muchos años sin experimentar un crecimiento saludable en su experiencia de vida cristiana? Porque pretenden comenzar a crecer sin haber sanado todavía. Si aún estamos heridos, si aún estamos enfermos, no podemos crecer saludablemente. El pueblo acampó hasta que sanó totalmente. Acampe usted también.

3. Nuevo funcionamiento.

Finalmente hemos comenzado a recibir toda la información necesaria para el funcionamiento adecuado de nuestra computadora. Ahora que hemos sanado, ahora que la maldición de pecado ha sido removida de nosotros, ahora que no hay virus en nosotros y que nuestro antivirus está actualizado y funcionando a su máxima capacidad, es cuando nuestro sistema comienza a funcionar. Ahora podemos navegar en la red de este mundo, confiados en que Dios será nuestro guardián y protector.

Es en este punto en el que podemos lanzarnos a una experiencia de crecimiento en nuestra vida cristiana de forma integral y total. Finalmente estamos listos para crecer.

Se presenta entonces una característica propia del crecimiento. Una característica que viene como resultado del proceso que Dios ha llevado a cabo en nuestras vidas, y que a su vez establece un principio de vida para nosotros. Un crecimiento adecuado y saludable debe llevarnos a una madurez sólida y productiva.

Note usted que en Josué 5:10-12 se nos presenta un pueblo sano, fortalecido y capaz. Llegó el punto en el que este pueblo ahora podía producir alimento. Este pueblo se había convertido en una computadora capaz de producir y ejecutar tareas propias a la altura de su recién adquirida capacidad.

No es para menos. En el proceso de Dios para hacernos crecer en nuestra experiencia de vida cristiana hay un elemento fundamental que nos es suministrado por el mismo Dios. Dios, a través de Su Espíritu nos da poder. Y es por medio de ese poder que podemos ejecutar las tareas que nos ayudan a producir fruto. Es el mismo Espíritu Santo de Dios dándonos poder para producir el Fruto del Espíritu.

No existe una red de comunicaciones y de información más sólida, con más y mejores recursos y mejor sostenida que la red de nuestro Dios, ¿no le parece? ¡Aleluya!!

Ahora el pueblo comía del fruto de la tierra. Ahora el pueblo mostraba madurez y crecimiento. Ahora el pueblo estaba listo para pasar a la próxima etapa.

4. **Trascender**

El pueblo había llegado a sostenerse por sí mismo. Ahora bien, eso no quiere decir que nosotros, en algún momento de nuestra vida cristiana llegaremos a sostenernos por nosotros mismos. Nosotros siempre necesitaremos el sostén de nuestro Dios para permanecer libres de cualquier virus. Sin Cristo nada podemos hacer. Es necesario siempre contar con la fuerza de Dios y con el Dios de la fuerza.

Sin embargo, la dinámica de crecimiento en nuestra vida cristiana nos llevará necesariamente a trascender de nivel en nivel. No trascender, no crecer, es sinónimo de estancamiento. Es cierto que por un tiempo nos detenemos. Nos detenemos para sanar y estar aptos para desarrollar una experiencia de vida cristiana de crecimiento, saludable y próspera. Pero no podemos permanecer detenidos todo el tiempo.

La dinámica de crecimiento no puede detenerse. Tenemos que seguir adelante. Tenemos que trascender.

Cuando el pueblo dio muestras de crecimiento, inmediatamente Dios los llevó a otro nivel.

- Un nivel en el que ya no dependerían de recordar las viejas experiencias.
- Un nivel en el que ya no necesitarían del maná.
- Este era un nivel más arriba.
- Un nivel más profundo.
- Un nivel de nuevas experiencias.

Si se acabó el maná, no se preocupe. Usted está pasando a un nivel en el que vendrán mejores cosas que el maná.

Una vez que somos desinfectados del virus que nos estaba provocando un mal funcionamiento, y una vez que hemos sanado y nos hemos despojado totalmente del viejo hombre, Dios comienza a programar nuestro sistema, al punto de dejarlo listo para funcionar.

Una vez estamos listos, debemos comenzar a producir. Pero esta producción debe llevarnos a trascender. Ahora nuestras capacidades han sido aumentadas con el poder del Espíritu Santo de Dios.

No es momento de estancarnos en nuestro crecimiento. Es hora de crecer.

¿Tienes un virus operando en tu sistema? El antivirus está listo para desinfectarte. La cuota para adquirirlo ya ha sido pagada.

- Límpiate.
- Descansa.
- Reprográmate de Dios.
- Produce.
- Crece...

ACTIVACION DE VOZ

Lectura: Proverbios 18:21, Romanos 10:9-10

Los adelantos de la tecnología han progresado a niveles inimaginables. Hoy en día disfrutamos de tantos adelantos científicos que pareciera que vivimos en la época que alguna vez perteneció a la ciencia ficción. Podemos activar los teléfonos celulares, las alarmas y hasta los autos por medio de comandos de voz.

Esto, sin embargo, no es nada nuevo en el panorama bíblico. Nosotros somos igualmente activados por comandos de voz. Por las palabras que pronunciamos. Por los juramentos con los que nos ligamos a compromisos. Por lo que confesamos con nuestra boca.

¿Qué significa confesión? Una confesión es básicamente la emisión de una declaración. Desafortunadamente, una confesión es algo que usualmente lo relacionamos con algo negativo. Una confesión se presta en un momento crítico. La usamos para declarar:

- Un delito o crimen.
- Testificar en contra de alguien.
- Un pecado.

Esto es así porque el hombre siempre ha estado predispuesto a lo malo. Conviene recordar que la Biblia nos dice en Génesis 6:5 que los pensamientos del hombre son de continuo al mal. Por tanto, siempre tenemos un concepto negativo de la confesión, y una tendencia negativa en las cosas que confesamos.

Esta tendencia se refleja, incluso, hasta en las situaciones más simples y cotidianas. ¿Ha escuchado usted detenidamente las cosas que usualmente declaramos?

Mire estos ejemplos:

- "Me muero" por conocer al presidente de la nación.
- "Me muero" de la vergüenza.
- "Me muero" de la risa.
- "Estoy loco" por irme de vacaciones.
- Estoy que "no valgo" 2 centavos.
- Estoy hecho "una porquería".
- Estoy "muerto" del cansancio.

¡Qué horrible! Estamos todo el tiempo declarando y confesando cosas terribles. Lo peor es que declaramos y confesamos todas esas cosas terribles sobre nosotros mismos.

Por tanto, yo quisiera desarrollar un análisis sobre este asunto de las declaraciones y las confesiones.

Si bien es cierto que estamos propensos a declarar cosas negativas y malas sobre nosotros, debemos también entender que estas declaraciones y confesiones negativas son los comandos de voz con los que estamos activando nuestras vidas. Llega el punto en el que asimilamos y nos creemos todo lo que decimos de nosotros mismos.

En adición, sucede exactamente lo mismo cuando comenzamos a declarar y confesar las mismas cosas de los demás. Está comprobado que las palabras que usamos con los demás pueden marcarlos para siempre. Con nuestras palabras codificamos a las otras personas y nos codificamos a nosotros mismos.

Ejemplos:

- Este muchacho nunca aprende.
- ¡Inútil! Nunca lograrás nada en la vida.
- ¡Tonto! ¡Eres igualito a tu papá!

¡Qué diferente sería, sin embargo, si las declaraciones fueran otras! Por ejemplo:

- Practica y pon más atención. Ya verás que lo lograrás.
- ¡No te desanimes! ¡Tú puedes! ¡Sigue adelante!
- ¡Te felicito! ¡Eres igualito a tu papá!

Esto es lo que, básicamente, establece este texto de Proverbios. La palabra, el verbo, las declaraciones y confesiones de nuestra boca tienen el poder de dar vida o dar muerte.

A veces pensamos que no podemos matar con la boca o con los ojos. Piense de nuevo. Podemos incluir los ojos como parte de nuestra declaración y confesión porque muchas veces hablamos más con los ojos que con la boca. (No menciono las manos porque con las manos sí podemos matar). Los ojos nos hablan de distintas maneras:

- Una mirada fulminante indica rechazo, desprecio, odio o rencor.
- Una guiñada representa complicidad, coqueteo, aprobación.
- Cerrar los ojos significa confianza, negación o hasta desconexión.
- Una lágrima muestra dolor, solidaridad, conexión, amor, emoción.

Hasta el momento tenemos claro que lo que declaramos y confesamos tiene poder. Envía un mensaje. Imparte un código.

Ahora bien, ¿por qué es necesario que observemos cuidadosamente lo que declaramos y confesamos? Porque la vida y la muerte están en poder de la lengua. La vida y la muerte están en poder de lo que declaramos y confesamos.

Está claro que confesar es declarar. Si partimos de lo que nos dice el texto de Proverbios 18:21, nosotros confesamos y declaramos vida o muerte para nosotros mismos. El efecto de las declaraciones y confesiones que hacemos producirán vida o muerte en nosotros, esto es, de acuerdo con eso que declaremos y confesemos.

En ese sentido, las declaraciones han establecido patrones a través de la historia. Las declaraciones establecen conductas personales, conductas sociales y conductas morales. Prácticamente, somos la suma total de lo que decimos, porque actuamos de acuerdo a esa suma total de lo que decimos, y sus consecuencias se manifiestan en nosotros.

Muchas veces escuchamos decir que somos lo que comemos. Permítame añadir que también somos lo que decimos. No hay un mejor ejemplo para esta verdad que la que declara el mismo Jesús en Lucas 6:45:

"El hombre bueno, del buen tesoro de su corazón saca lo bueno; y el hombre malo, del mal tesoro de su corazón saca lo malo; porque de la abundancia del corazón habla la boca". (RV).

Lo interesante del texto de Proverbios es que se descubre ante nuestros ojos una verdad poderosa.

Si la vida y la muerte están en poder de lo que declaramos y confesamos, entonces estamos hablando de un poder de decisión. En consecuencia, si todo esto se reduce a una cuestión de decisión, entonces somos nosotros quienes podemos escoger lo que declaramos y confesamos. Ese poder de decisión lo tenemos nosotros.

Eso establece, sin darnos cuenta, otra gran verdad. Si la vida y la muerte están en poder de nuestra lengua, y si el poder de decisión es nuestro, entonces ese poder de decisión no está, ni en poder de Dios ni en poder del diablo.

Es muy interesante lo que nos dice el mismo Jesús en ese sentido. En Mateo 12:37 encontramos lo siguiente: *"Porque por tus palabras serás justificado, y por tus palabras serás condenado".* (RVR60).

La vida y la muerte están en nuestro poder. Somos nosotros quienes escogemos entre ellas de acuerdo con lo que confesamos, declaramos y elegimos. El capítulo 30 del libro de Deuteronomio es amplio y rico en esta dinámica de elección. Léalo. Es bastante detallado y abarcador.

Ahora, si yo le pidiera que me dijera cuál de las dos usted escogería, estoy segurísimo que usted me dirá que escogería la vida.

A esto debemos añadir la siguiente pregunta. Si yo puedo escoger la vida, ¿de qué manera puedo escogerla? Si de nosotros depende escoger entre la vida y la muerte, ¿cómo lo hago?

Considere conmigo lo que nos dice el Apóstol Pablo en su carta a los Romanos. Según el apóstol, el eje central que determina esa elección entre la vida y la muerte es la confesión. Observe lo que dice Romanos 10:9:

"que si confesares con tu boca que Jesús en el Señor, y creyeres en tu corazón que Dios le levantó de los muertos, serás salvo". (RVR60).

Aquí comenzamos a identificar lo que es necesario confesar, o declarar con nuestra lengua, para que podamos escoger entre la vida y la muerte. Note bien cuál es la confesión. La confesión, como muchas veces creemos, no es una confesión de pecados. Esta creencia surge, propiamente, por nuestra tendencia a otorgar a la confesión características negativas. El propósito del pasaje no es a continuar declarando pecado. El texto exhorta, claramente y sin lugar a dudas, que lo que debemos confesar, o declarar sobre nuestra vida, es vida, y de manera más específica, debemos confesar al Dador de la vida.

La exhortación de Pablo no es a que declaremos pecado y muerte sobre nuestra vida.

Es necesario que, para dejar de declarar, confesar y escoger pecado y muerte, comencemos a declarar vida, libertad y salvación por medio de Jesús. No somos salvos por confesar pecado. Somos salvos por confesar a CRISTO. El propósito de Dios es a que cambiemos el código con el que nos hemos estado marcando a lo largo de nuestra vida.

Desde luego, la confesión del pecado nos conduce a un punto de confrontación, aceptación y arrepentimiento de nuestro pecado. Esta es una verdad bíblica vital, relevante y trascendental. Está sostenida por las Escrituras, y es absolutamente necesaria. Sin confesar no podemos reconocer que necesitamos cambiar lo que el pecado ha querido declarar sobre nuestra vida. Es una parte fundamental en la elección de vida que queremos declarar y confesar sobre nosotros.

Pero confesar el pecado no es, necesariamente, arrepentimiento del mismo. Por eso es que confesar no es suficiente. Se requiere una elección. Se requiere tomar una decisión y declararla sobre nosotros.

Confesar a Cristo, por otra parte, es:

- El acto de la elección.
- Es el comienzo del cambio de muerte a vida.
- Es el ejercicio del poder de nuestras declaraciones a favor de nuestra causa.

- Es aplicar la fuerza de nuestra confesión en la dirección correcta.

En adición, cuando confesamos nuestro pecado debemos hacerlo de una vez y por todas. Cuando confesamos a Cristo debemos hacerlo eternamente y para siempre. Debemos vivir constantemente confesando a Cristo y no confesando pecados. De otra forma eso sería seguir perseverando en el pecado. Y nosotros no perseveramos en el pecado, ni debemos perseverar en el pecado. Perseveramos y debemos seguir perseverando en Cristo.

Este pasaje de Romanos es muy interesante y amplio, pues nos presenta además unas consideraciones importantes de aplicación a nuestra vida. Mire lo que menciona Pablo en Romanos 10:10:

"Porque con el corazón se cree para justicia, pero con la boca se confiesa para salvación". (RVR60).

¡Qué verdad bíblica tan maravillosa! Lo que Pablo establece en este texto, si lo relacionamos al contexto de nuestra reflexión, es que la declaración de nuestra boca es la confesión de lo que hay establecido en nuestro corazón. Con el corazón se cree. Con la boca se confiesa. Pero con la boca se confiesa lo que se cree en el corazón. Lo que confesamos dice lo que creemos.

Recuerde que somos la suma de todo lo que decimos. Por tanto, confesando a Cristo declaramos Su poder sobre nosotros. Lo que confesamos y declaramos sobre nosotros es, precisamente, aquello que creemos que somos en nuestro corazón.

Lo que confesamos y declaramos se convierte, pues, en lo que nos gobierna. En nuestro Rey. Por eso es necesario confesar a Cristo. Porque creemos en Cristo. Entonces, si queremos que Cristo sea nuestro Rey, debemos confesar y declarar con nuestra boca Su poder y autoridad sobre nosotros.

Por otra parte, yo estoy completamente convencido de que esa es la voluntad de Dios para nosotros. Esta expresión de confesión por parte de Pablo contiene un detalle muy particular, pero a la vez muy especial y maravilloso.

Pablo escribe la carta a los Romanos en griego. Entonces, resultaría interesante identificar la verdadera expresión de confesión que Dios, a través de Pablo, nos presenta desde la perspectiva del texto griego original.

Cabe mencionar que la expresión griega es amplia en su significado. Resulta que cuando nosotros queremos expresar un concepto en nuestro idioma español podemos utilizar dos o tres formas.

Sin embargo, en el griego podemos utilizar algunas 15 formas de expresión para el mismo concepto. Rico, ¿no le parece?

La palabra "confesión" se traduce del griego *"homologeo"*. Esta palabra griega significa "decir lo mismo" o "decir en lo que se está de acuerdo". ¿Qué tiene esto que ver con lo que estamos analizando? Le aseguro que mucho, en verdad.

Si aplicamos esta expresión de confesión utilizada por Pablo podemos establecer una verdad bíblica poderosa. Confesar a Dios es confesar que estamos de acuerdo con lo que Dios dice de nosotros. Declarar a Dios en nuestra vida es decir lo que Dios dice de nosotros.

¡He ahí la importancia de confesar a Jesús! Se reafirma la verdad de que con nuestra boca declaramos la bendición o la maldición para nuestra vida.

La exhortación es clara. Si queremos un cambio en nuestras vidas, si queremos ser activados en la vida con el comando correcto, tenemos que empezar a declarar comandos correctos. Tenemos que cambiar lo que decimos, lo que declaramos, lo que creemos y lo que confesamos. Si hasta ahora has declarado en tu vida lo que ésta ha sido, comienza desde ahora a declarar en tu vida lo que ésta será de ahora en adelante.

Tú tienes el poder. La decisión es tuya. Tú eres quien activas con tu voz el comando de tu vida.

¡Actívate en la vida! ¡Actívate en la bendición! ¡Actívate en Jesús!

PURIFICADOR DE PLATA

Lectura: Malaquías 3:3

Quisiera compartir con usted la siguiente historia:

Había un grupo de mujeres reunidas en su estudio bíblico semanal. Leyendo el libro de Malaquías, encontraron el verso que referimos:

"Y Él se sentará para afinar y limpiar la plata; porque limpiará a los hijos de Leví, los afinará como a oro y como a plata, y traerán a Jehová ofrenda en justicia". (RVR60).

Este versículo les intrigó mucho acerca de lo que esta afirmación podía significar en relación al carácter y la naturaleza de Dios. Así que, una de ellas se ofreció a investigar el proceso de la purificación de la plata. Esa semana, la mujer llamó a un orfebre e hizo una cita para ver su trabajo. Ella cuidó de no mencionar detalles sobre la verdadera razón de su visita. Simplemente le expresó que tenía curiosidad por el proceso. Acordaron, entonces, encontrarse en el taller del obrero a la mañana siguiente.

Al llegar a la dirección ofrecida por el orfebre, la hermana fue recibida por una joven, quien resultó ser la hija del artista.

Muy amablemente, la joven dirigió a la visitante hasta la mesa del trabajo de su padre, donde éste se encontraba trabajando, precisamente con una pieza de plata.

Mientras sostenía la pieza de plata sobre el fuego, dejando la misma calentar intensamente, el hombre le explicaba a la mujer que, para refinar la plata y eliminar sus impurezas, debía mantener la plata en medio del fuego, donde las llamas arden con mayor fuerza.

Sin evitar pensar en el versículo que habían leído en el estudio bíblico semanal, la mujer notó que en todo ese tiempo el orfebre no se apartó de la pieza. Le preguntó con curiosidad si era necesario que él permaneciera sentado frente al fuego mientras la plata se purificaba.

"Por supuesto", contestó el hombre. "No sólo debo permanecer aquí sentado sosteniendo la plata en el fuego. También debo mantener mis ojos fijamente en ella mientras está bajo fuego. Si la plata se deja en el fuego por un instante más de lo necesario, se destruiría".

La mujer sintió un nudo en su garganta, mientras pensaba en la misión que la llevó a ese lugar. Se contuvo por un momento y luego le preguntó al hombre: "¿Cómo sabe cuando la plata ya está totalmente refinada?".

La respuesta del orfebre fue aún más extraordinaria. El hombre le contestó sonriendo con sencillez: "Cuando puedo ver mi imagen reflejada en ella".

No puedo evitar sentir una extraordinaria emoción cuando pienso en esta experiencia. Este relato pone de manifiesto el maravilloso y compasivo carácter y naturaleza de Dios. Sobre todo, porque esta manifestación de Dios pone al descubierto unas verdades bíblicas que debemos aplicar a nuestra vida.

En primer lugar, es una realidad innegable que tendremos que pasar por muchas aflicciones. Así lo declara Jesús: *"En el mundo tendréis aflicciones, pero confiad, yo he vencido al mundo".* (Juan 16:33). (RVR60).

Yo sé que muchos de nosotros quisiéramos que esto no fuera así. De hecho, muchos creyentes inician una experiencia de vida cristiana pensando que el Evangelio es la "varita mágica" que desaparecerá todo problema de sus vidas. Ante la decepción y el contraste de esta fantasía con la realidad bíblica, terminan lamentablemente apartándose de Dios.

La promesa de Dios, no obstante, sigue siendo que Él estará con nosotros, aún en medio de la aflicción.

Como vimos en la ilustración del orfebre, Dios no permitirá que el fuego de la prueba nos destruya. Dios se queda mirándonos fijamente. Estará con nosotros y, como hizo el orfebre con la plata, nos sostendrá en medio del fuego. No nos dejará caer.

Pienso que el verdadero problema para el cristiano ante la aflicción no es precisamente la aflicción. La aflicción viene como parte de una situación, pero a la vez la aflicción *trae* otras situaciones. Por otra parte, la aflicción es un elemento constante en la vida del ser humano. Es parte de la vida misma. Por tanto, el problema para nosotros no es la aflicción. El problema es la *actitud que asumimos* ante la aflicción.

Cuando asumimos la actitud equivocada ante la aflicción, comienza a descomponerse el elemento que nos mantiene firmes en nuestra relación con Dios: La fe. La fe es aquello con lo que agradamos a Dios como parte de nuestra relación con Él. Por tanto, la fe que tengamos en Dios debe reflejar la calidad de relación que tenemos con Él.

Ahora bien, ¿qué se produce cuando se combina la fe que tenemos en Dios con la realidad ineludible de que en esta vida pasaremos por aflicciones? Se produce entonces una verdad bíblica muy importante: Para que nuestra fe sea de óptima calidad, nuestra fe debe ser probada.

¿Qué nos dice 1 Pedro 1:6-7?

"En lo cual vosotros os alegráis, aunque ahora por un poco de tiempo, si es necesario, tengáis que ser afligidos en diversas pruebas. Para que sometida a prueba vuestra fe, mucho más preciosa que el oro, el cual aunque perecedero se prueba con fuego, sea hallada en alabanza, gloria y honra cuando sea manifestado Jesucristo". (RVR60).

El texto nos advierte que nuestra fe ha de ser probada. Hace referencia a que debe ser sometida a prueba, incluso por el fuego.

Note usted algo muy interesante. Cuando hablamos de actitud ante la aflicción, mencionamos el elemento de la fe como parte fundamental de nuestra relación con Dios. Ahora el texto nos está indicando que, tanto el fuego de la prueba como nuestra actitud ante la misma, tienen un propósito especial. Eso no me extraña. Dios siempre hace o permite las cosas con un propósito.

El propósito de nuestra aflicción, según el texto, es que nuestra fe sea motivo o razón de alabanza, gloria y honra a Dios. Es decir, honraremos con nuestra fe el nombre de Dios cuando estemos en medio de la aflicción.

Pero eso significa que es igualmente importante que nuestra actitud ante la prueba también sea de alabanza, gloria y honra al Señor.

Recuerde que nuestro problema no es la aflicción. Nuestro problema es la actitud que asumimos en medio de la aflicción. Nuestra actitud será determinante en el ejercicio de nuestra fe en Dios cuando estemos en aflicción. Dios le promete estar con usted en medio del fuego de la prueba. Está de su parte creerlo.

Así, pues, si nuestra actitud es la correcta, nuestra fe será lo realmente valiosa que Dios quiere que sea, y a la vez será el verdadero reflejo de la calidad de relación que Dios quiere que tengamos con Él. Es precisamente en medio del fuego donde la plata logra purificarse. Donde logra quemar sus impurezas. Donde adquiere realmente su valor.

Dios no quiere con usted, (y estoy seguro que usted tampoco), una relación cualquiera. Dios quiere con usted una relación valiosa y significativa.

He ahí la importancia del fuego. El fuego establece un compromiso. Si usted quiere una relación realmente valiosa y significativa con Dios, tendrá que quemar sus impurezas. Tendrá que pasar por el fuego.

Ahora bien, note algo muy interesante. ¿Cómo es posible que, aún sin estar purificados, Dios quiera establecer una relación valiosa y significativa con nosotros?

Creo saber por qué. Dios no lo dejará ser sometido al fuego de la prueba, a menos que de antemano Él sepa que usted es plata. ¡De eso se trata todo este asunto!!! Usted es oro y plata en manos de Dios.

¿Se da cuenta del valor incalculable que usted representa para Dios? Usted no es cualquier cosa. Usted es realmente valioso para Dios.

Dios quiere que el mundo pueda verle. Pero para ello necesita forjar nuestro carácter, al punto de que cuando el mundo nos vea, no nos vea a nosotros. Es preciso que puedan ver a Dios *en nosotros*. El propósito de Dios es que el mundo vea en usted el verdadero carácter de Dios. Sin impurezas. Transparente. Brillante. Claro.

Explicamos al principio que "teolosis" significa "formación y crecimiento en Dios". En nuestra experiencia de vida cristiana tendremos momentos en los cuales seremos sometidos al fuego de prueba. Pero este sometimiento al fuego tiene un propósito claro y definido: Que podamos reflejar la imagen de Dios. Y si usted se parece a Dios, ¿no será esto representativo de una relación realmente valiosa y significativa con Dios?

Si este libro le sirve para modificar su vida y su relación con Dios, usted ha comenzado a parecerse a Dios.

Usted se encuentra, entonces, en plena *teolosis*...

EL CUARTO OSCURO Y EL ELOCUENTE MEDIADOR

Lectura: Job 33:23-30

Nosotros hemos sido testigos de los avances de la ciencia. Una gran cantidad de adelantos científicos han logrado impactar casi todas las áreas de la vida. Los productos y artefactos tecnológicos son cada vez más variados y versátiles.

Tomemos, por ejemplo, la fotografía. Esta ciencia es una que ha evolucionado a tal punto en que ya no es necesaria una cámara fotográfica para tomar fotos. Ahora podemos tomarlas, y hasta transmitirlas, por medio del teléfono celular. Ya no es necesario guardarlas y verlas en álbumes, sino que ahora las vemos y las guardamos en nuestras computadoras, o en pequeñas unidades de almacenamiento de datos, como son los discos compactos o las memorias portables. (*USB, memory sticks, pen drives,* en inglés).

En nuestros tiempos el revelado de las fotografías ya no es una práctica muy usual. Hace un tiempo acomodaba unas fotos que había revelado en un álbum que tenemos en nuestra iglesia para documentar algunas de las actividades que hemos realizado durante el último año, y pude darme cuenta de que cada vez hacemos menos uso del revelado fotográfico.

Ya no llevamos los rollos de película a revelar. En todo caso, si lo hacemos, las copiamos de nuestra computadora a una de las unidades de almacenamiento disponibles en el mercado, o directamente de nuestra cámara digital, y las llevamos a revelar. En algunos casos, hacemos el revelado nosotros mismos, utilizando impresoras especiales y papel de fotorevelado, que también están disponibles para su adquisición.

Ahora bien, el arte o la ciencia de la fotografía conlleva unos procedimientos que me resultaron muy interesantes. Me resultaron muy interesantes porque a través de estos procedimientos, pude identificar ciertas aplicaciones de algunos de los conceptos de formación y crecimiento en nuestra experiencia de vida cristiana. Es decir, a través de la fotografía podemos revelar o ilustrar algunos conceptos de nuestra *teolosis.*

En primer lugar, notemos que la fotografía comienza con luz. A oscuras no podemos ver nada, mucho menos fotografiar algo. Ya sea la luz natural, o una luz artificial producida de alguna forma, la luz es lo que primordialmente necesitamos para producir una foto. De hecho, la palabra "foto" proviene de la misma palabra griega que significa "luz". En ese sentido, la luz es lo que nos permitirá ver aquello que deseamos fotografiar. La luz, entonces, será quien revele la gráfica o imagen a retratar.

Por tanto, podemos decir que la fotografía es, entonces, la imagen que se capta gracias a la luz.

Naturalmente, hace falta un artefacto o dispositivo que tenga la capacidad de capturar o recibir esa imagen, y que pueda también almacenarla hasta que sea el momento de proyectarla, descubrirla o, como propiamente se diría en el lenguaje de la fotografía, revelarla. Es necesario, entonces, tener un equipo fotográfico que capte esa gráfica y la guarde hasta que queramos verla.

Ahora bien, desde esa perspectiva, debemos pensar que nuestra mente es también un equipo receptor de imágenes. Por esa razón no mencioné la cámara fotográfica como lo primordialmente necesario para captar fotos. Tanto la cámara como nuestra mente pueden captar imágenes, guardarlas y proyectarlas en cualquier momento.

¿Qué relación encontramos en esta ilustración de la fotografía con el pasaje que hemos considerado? De alguna manera, el arte o la ciencia de la fotografía contiene elementos característicos que son similares en nuestra dinámica de formación y crecimiento en Dios.

Entonces, veamos algunas aplicaciones de esta ilustración reflejadas en nuestra experiencia de vida cristiana.

1. Ya no es necesario el cuarto oscuro.

El cuarto oscuro es donde los rollos de película son procesados con varios químicos líquidos. Al final, la foto va apareciendo poco a poco hasta que se revela completamente. Como dato interesante, en el proceso de fotorevelado, es necesario eliminar cualquier entrada de luz, pues la luz puede arruinar el proceso.

Como indiqué, este es un dato interesante si recordamos que nuestro adversario, el diablo, es el único a quien le gusta operar desde la oscuridad. El diablo es experto trabajando en las tinieblas. El cuarto oscuro es, entonces, el campo de trabajo del enemigo.

En ese sentido, y como aplicación práctica para nuestra vida cristiana, el cuarto oscuro es un lugar que ya no es necesario en nuestra vida, y que debemos evitar a toda costa.

Pero eso no es todo. Lo particular del cuarto oscuro es que ahí no se trabaja con fotos. Se trabaja con negativos. Y en eso el diablo es también un experto. Por tanto, es en el cuarto oscuro donde el diablo trabaja para revelar nuestros negativos. El buscará tomar todo aquello negativo en nuestra vida y convertirlo en la imagen que él desea proyectarnos.

Él trabaja con lo negativo de nuestra vida porque lo negativo es todo lo contrario a la imagen real. A la imagen verdadera. Lo negativo es la imagen distorsionada y contraria a la realidad de Dios.

El Apóstol Pablo es enfático cuando nos advierte en Efesios 4:27 que no demos lugar al diablo. Nuestro adversario puede convertir cualquier espacio que le permitamos en nuestra vida, por pequeño sea, en su cuarto oscuro para distorsionar nuestra vida, para tomar todo lo negativo de nosotros y proyectarlo como nuestra imagen ante el mundo y ante Dios.

Por tanto, no demos a nuestro enemigo un cuarto oscuro para que trabaje, ni tampoco entreguemos a nuestro enemigo nada negativo con lo que él pueda trabajar en el cuarto oscuro. Para eso, es necesario hacer lo siguiente.

2. Es necesario dejar penetrar la luz.

Note bien que el trabajo en el cuarto oscuro no se puede realizar sino hasta que se haya eliminado cualquier entrada de luz. Si la luz penetra en el cuarto oscuro cuando se están procesando los negativos, el trabajo se daña.

Hemos indicado también que quien trabaja con todo lo negativo desde la oscuridad del cuarto oscuro es nuestro adversario, el diablo.

Ahora bien, recordemos lo que Jesús mismo nos declara en Juan 8:12, cuando nos dice: *Yo soy la luz del mundo"*. En ese sentido, para nosotros, la verdadera fuente de luz es Cristo.

Esto explica la razón por la que el diablo, para poder trabajar con nuestros negativos en el cuarto oscuro, ha procurado de antemano separarnos de cualquier entrada de la luz de Cristo. Nuestro enemigo sabe que solamente la luz de Cristo es capaz de arruinar su trabajo. Sólo la luz de Cristo destruye el trabajo de la oscuridad. Solo en Cristo tendremos la luz de la vida, y no andaremos en tinieblas. (Juan 8:12). A eso vino Cristo. Como dice la Escritura en 1 Juan 3:8: *"Para esto apareció el Hijo de Dios, para deshacer las obras del diablo"*. (RVR60).

Es necesario que nosotros, entonces,

- Dejemos penetrar la luz, para que el trabajo del diablo se dañe.
- Dejando penetrar a Cristo, quien es la luz, dañaremos todo lo negativo que el diablo quiere utilizar en el cuarto oscuro para dañarnos y destruirnos.
- Dejando penetrar la luz, destruimos la trampa y el engaño del cuarto oscuro.

Entonces, ¿cómo dejamos penetrar la luz?

¿Cuál será la ventana, la puerta o la entrada que necesitamos abrir para que la luz entre a nuestro cuarto oscuro? El pasaje que hemos considerado arroja, precisamente, una luz en este sentido.

Job 33:26-28 nos dice:

"Orará a Dios, y éste le amará, y verá su faz con júbilo; y restaurará al hombre su justicia. El mira sobre los hombres; y al que dijere: Pequé, y pervertí lo recto, y no me ha aprovechado, Dios redimirá su alma para que no pase al sepulcro, y su vida se verá en luz". (RVR60).

Es necesario que reconozcamos y confesemos nuestros negativos, nuestras faltas, nuestros pecados delante de Dios.

- Es necesario que expongamos nuestros negativos a la luz para que se dañen.
- Para que la luz los destruya.
- Para que no se conviertan en imágenes equivocadas de la realidad que Dios quiere para nuestra vida.

¡Sólo la luz lo hará! Sólo la luz de Cristo nos evitará caer en el sepulcro. En la trampa y el engaño del enemigo. En el cuarto oscuro. Solo el Cristo de la luz es capaz de destruir toda obra negativa, oscura y contraria de nuestro adversario el diablo.

Interesantemente, debemos considerar también una poderosa realidad entre la interacción que existe entre la luz y las tinieblas. De eso trata nuestro siguiente punto.

3. El efecto de la luz.

Una vez damos paso a la luz comenzamos a experimentar su efecto de inmediato. Las imágenes se distinguen en su justa realidad y perspectiva. Gracias a la luz vemos la verdad de las imágenes. Vemos las imágenes tal y como son.

Hemos dicho que la luz destruye el trabajo del enemigo en las tinieblas. Pero, en adición, podemos decir que la luz destruye las tinieblas, pues la oscuridad no es otra cosa sino la falta de luz. Nunca las tinieblas tendrán el efecto de disipar la luz, sino que, por el contrario, la luz siempre tiene el efecto de disipar las tinieblas. La luz nunca huye de la oscuridad, sino que la oscuridad siempre huye ante la luz.

Este es, entonces, el efecto de la luz, a la luz de nuestra reflexión: (Valga la redundancia).

- Cuando llega la luz se acaban las tinieblas.
- Al acabarse las tinieblas, se acaba el cuarto oscuro.
- Si no hay cuarto oscuro, el diablo no puede trabajar.

- Si el diablo no puede trabajar, no habrán imágenes negativas.
- Todo lo negativo se destruye.
- Existirá sólo la verdad de Dios.

Toda esta transformación nos conduce a una gloriosa realidad, la que de alguna manera se expresa en este pasaje de Job 33:23-30. Esa transformación que se produce se puede expresar de la siguiente manera.

4. De cuarto oscuro a elocuente mediador.

Las tinieblas han desaparecido. La oscuridad ha huido ante la luz. ¿Qué sucede, entonces, con el cuarto oscuro?

Ese cuarto, que antes era el área de trabajo del enemigo, que antes estaba oscuro, que antes sólo contaba con negativos procesados, ahora se convierte en un lugar donde la luz se proyecta. Se convierte en un lugar lleno de luz y de imágenes de la verdad de Dios.

Entonces, cuando un lugar es restaurado de esta forma, ya no es un lugar feo. No es un lugar oscuro. No es un cuarto con un ambiente cargado de negativismo. Ese cuarto se ha convertido en un lugar que invita a estar. Se convierte en un cuarto iluminado con una luz hermosa. La luz de la verdad.

Se convierte en un cuarto lleno de cosas positivas y de imágenes coloridas. Por tanto, ese cuarto ya no es necesariamente un cuarto para uno, sino que ahora puede ser un cuarto para muchos. Ese cuarto se convierte en un testimonio para todos de la transformación por medio de la luz de Cristo. Dejamos de ser cuartos oscuros y nos convertimos en elocuentes mediadores. Nos convertimos en testigos. En nosotros se refleja toda la luz de Cristo y el efecto que esa luz produjo en nosotros.

Es por esa obra del Cristo de la luz que podemos, como nos propone Job 33:23, convertirnos en aquellos elocuentes mediadores escogidos que anuncian al hombre su deber.

- Somos nosotros los elocuentes mediadores que le diremos a los hombres que Dios tiene misericordia de ellos.
- Somos nosotros aquellos elocuentes mediadores que le diremos a los hombres que Dios los libra de convertirse en sepulcros. En cuartos oscuros donde la luz no llega.
- Somos nosotros los elocuentes mediadores que le diremos a los hombres que en Cristo, quien es la luz del mundo, hay redención.

Las imágenes reveladas por la luz de Cristo en nuestra vida, en lo que antes fue un cuarto oscuro lleno de negativos, no deben quedar encerradas sin ser vistas y admiradas por los demás.

Nuestras nuevas fotos, el efecto de la luz de Cristo y las obras manifiestas del Cristo de la luz no deben quedar guardadas en nuestras computadoras o en equipos donde nadie más puede verlas.

- Estamos llamados a compartir nuestras fotos.
- Estamos llamados a declarar lo que la luz ha hecho en nosotros.
- Es hora de exhibir nuestras fotos en álbumes, para que el mundo sea testigo de la obra de la luz en nuestras vidas.
- Es hora de que el mundo vea, a través de nosotros, lo que Dios puede hacer con ellos.

Delante de nosotros está la imagen. Delante de nosotros está la foto. Si no dejamos entrar la luz de Cristo, somos cuartos oscuros donde nuestro enemigo trabaja, y revela de nosotros todo lo negativo que nos destruye, y que tanto desagrada a Dios. Sin la luz de Cristo, nuestra vida es un cuarto oscuro y está lleno de negativos.

Pero, si hemos dejado que la luz de Cristo ilumine nuestra vida y refleje la verdad de Dios, rompiendo todo lo negativo, entonces, ese elocuente mediador, ese testigo, ese quien declara la verdad de Dios, eres tú.

El cuarto oscuro está encerrado en sí mismo. No comparte lo que tiene porque no tiene nada bueno que compartir.

Está lleno de oscuridad. Lleno de negativos. Vacío de Dios. Por el contrario, el elocuente mediador está abierto a la luz, y su luz es compartida con los demás. Sus fotos están en exhibición. Los elocuentes mediadores somos la vitrina de Dios. Somos la exposición de arte del Maestro. Somos por Cristo un espacio de luz y redención. La transformación y el efecto de la luz nos han convertido, una vez más, en imagen y semejanza de Dios.

Solo tenemos dos opciones:

- O estamos en tinieblas, o estamos en la luz.
- O vivimos tristes en la oscuridad del enemigo, o vivimos gozosos en la luz de Jesús.
- O somos cuartos oscuros, o somos elocuentes mediadores.

¿Qué eres tú? ¿Qué quieres ser...?

CUCUBANO

Lectura: Mateo 5:14-16

¿Sabe usted lo que es un cucubano? Un cucubano, o una luciérnaga, es un pequeño insecto de vida nocturna que cuando vuela, (en la gran mayoría de las especies quien vuela es el macho), emite una luz en la parte posterior de su cuerpo.

Pensé en este pequeño animalito pues, de alguna forma, nosotros los cristianos nos parecemos a ellos. No porque seamos insectos, sino porque de igual manera, nosotros emitimos luz al mundo.

En una ocasión, Jesús les dijo a sus discípulos: *"Yo soy la luz del mundo"*. (Juan 8:12). Más tarde, en Juan 9:5, Jesús especificó que mientras Él estuviese en el mundo, Él sería la luz del mundo.

¿Qué significaba esto?

- ¿Sería que la luz de Cristo no brillaría para siempre en el mundo?
- ¿Sería que cuando Jesús se fuera se llevaría su luz con Él?

Yo creo que la razón principal de este pasaje de Mateo 5:14-16 radica en que este pasaje es la contestación a estas preguntas.

Cuando Jesús nos dice que somos la luz del mundo es porque, aunque esa luz no es nuestra, la misma se refleja a través de nosotros. La luz de Cristo no se ha ido nunca de este mundo, sino que, como Cristo habita en su iglesia, ahora brilla por medio de nosotros. Si somos la luz del mundo es porque Cristo en nosotros nos convierte en la luz del mundo. La tarea de llevar luz a los que están en tinieblas le corresponde ahora a la iglesia de Cristo, porque tenemos la luz de Cristo y al Cristo de la luz.

Esta es, definitivamente, la enseñanza principal de este pasaje. Yo pienso que sería suficiente con solamente establecer esta enseñanza como una verdad práctica para nuestra formación y desarrollo en nuestra experiencia de vida cristiana, o como hemos aprendido a llamarla, nuestra teolosis.

Sin embargo, yo quisiera invitarle a profundizar un poco en el análisis de este pasaje. De hecho, nuestra teolosis exige que seamos más incisivos en nuestro estudio de las Escrituras.

Así que, profundizaremos en el texto haciendo uso de la lógica y hasta la psicología para extraer otras enseñanzas del mismo, pero para ello, lo haremos desde la perspectiva del cucubano. Es decir, identificaremos algunas características de los cucubanos y las aplicaremos a las características que correspondan a nosotros los cristianos.

Aplicaremos el instinto de estas pequeñas criaturas a nuestra experiencia de vida cristiana.

1. **Los cucubanos encienden su luz para buscar compañía.**

Muy rara vez usted verá a un cucubano solo. Casi siempre están acompañados. La razón principal de esto es que les permite conseguir pareja. El macho y la hembra se atraen por la luz. Además, habiendo varios de ellos juntos tendrán mayor protección contra los enemigos, pues podrán identificarlos más fácilmente. Juntos tienen más luz para ver mejor.

Tal vez por esto es que la Palabra de Dios nos exhorta en Hebreos 10:25 a no dejar de congregarnos. Ciertamente el ambiente de la iglesia es el mejor ambiente para mantener nuestras luces en óptimas condiciones. Es en el calor de la iglesia que nos sentiremos acompañados y protegidos. No nos sentiremos solos siempre que contemos con los hermanos de la fe. Con nuestros compañeros del camino. Con otros hijos de nuestro mismo Padre.

Mientras más unidos, más alumbramos. Y mientras más luz tengamos, más al tanto estaremos de lo que tenemos y de lo que necesitamos. Esto permite que entre todos nos ayudemos en esta carrera hacia la vida eterna.

2. **Por lo general, un cucubano no atrae a otro cucubano de distinta especie.**

La razón principal para esta característica es también parte de su mecanismo de protección. En primer lugar, la forma de emitir la luz les indica que se trata de cucubanos de la misma especie.

El otro día transitaba cerca del Parque Luis Muñoz Rivera en San Juan. Era cerca de la 1:00pm, y mientras esperaba el cambio de luz en el semáforo, noté a la distancia que en la acera del parque había un grupo de entre 10 a 12 personas que estaban formando un círculo tomados de la mano. Tenían los ojos cerrados, y algunos habían inclinado su rostro mientras que daba la impresión de que uno de ellos elevaba una oración.

¿Sabe usted lo que pensé? Seguramente lo mismo que usted está pensando ahora. Seguramente se trataba de un grupo de cristianos que aprovecharon su hora de almuerzo para tener un círculo de oración.

¿Por qué puedo decir esto? ¿Qué me hizo pensar que se trataba de un grupo de cristianos orando? Porque la luz que ciertamente estaban emitiendo era una luz muy conocida para mí. Los identifiqué como cristianos porque su luz me era muy familiar. Desde mi auto levanté mi mano en señal de aprobación, y me uní solidariamente a la oración.

Cuando el cucubano identifica una luz similar a la suya sabe que ese otro cucubano es uno de los suyos. Sabe que puede acercarse con confianza.

Esta es una característica muy importante, porque detrás de ella hay una gran enseñanza para nosotros. Resulta que hay algunas especies de cucubanos que practican el canibalismo, o sea, que se comen unos a otros. Para ello, imitan la forma de emitir la luz de otras especies. Entonces, cuando son guiados por esta luz falsa, son atrapados, atacados y devorados.

Nosotros sabemos que la luz del mundo es engañosa. El mundo ofrece muchas cosas que parecen buenas, pero que al final llevan a un camino de destrucción y muerte. ¡Pero el mundo no lo sabe!!! Tenemos que evitar que más gente siga siendo engañada por la luz mentirosa del mundo. Nosotros, como iglesia, somos la luz del mundo. La verdadera luz. Es necesario que nos mantengamos alumbrando con la luz de la verdad, para que todo aquel que sea atraído por nuestra luz pueda encontrar esa maravillosa verdad.

Mucha gente dice que la iglesia no salva a nadie. Yo digo que en la iglesia se salva la gente. Esto es así porque la iglesia tiene la luz de Cristo, y es el Cristo de la luz, que vive en nosotros, quien los salva. Para eso es que somos la luz del mundo.

3. **Cuando el cucubano es molestado, o está en peligro, emite una luz intermitente.**

Esta característica especial tiene la función importante de indicar que hay un peligro cercano. Esto hará que el resto del grupo haga una de 2 cosas.

- Deben ponerse a salvo ellos y sus crías, mientras el que da la señal de aviso mantiene distraído al enemigo, aún cuando esto pudiera costarle la vida.
- Una vez puestos a salvo, deben indicar mediante una formación especial una ruta de escape segura.

Yo pienso que la aplicación práctica para nosotros es suficientemente clara. Si somos la luz del mundo, estamos llamados a descubrir y poner de manifiesto cuando haya un peligro inminente.

Pero este descubrimiento y manifestación debe ir dirigida en 2 vertientes. Debemos advertir de peligro a los que están en el mundo de que corren un inmenso peligro de perdición eterna. Es necesario que la iglesia siga llevando el mensaje de arrepentimiento de pecados y salvación en Cristo.

Pero también es importante que alertemos a los nuestros, a nuestros hermanos, sobre posibles peligros encubiertos dentro de la congregación.

Como luz del mundo, la iglesia debe cumplir su cometido de ser ese lugar de refugio donde el pecador pueda encontrar protección y ponerse a salvo. Además, esa luz de Cristo sigue siendo importante para nosotros, porque la función de esa luz continúa durante la vida de todos aquellos que hemos creído en Cristo. Como cristianos debemos procurar mantener el buen testimonio de lo que somos. Debemos ayudarnos y defendernos de los peligros que tenemos en este mundo.

No es necesario que les recuerde que como iglesia estamos bajo amenaza constante. Es por eso que debemos alumbrar aún dentro de la casa, para evitar que los nuestros puedan tropezar y caer.

La responsabilidad de ser luz del mundo implica que alumbraremos el camino a los perdidos para que lleguen a Cristo. Pero, una vez en Cristo, debemos seguir alumbrando el camino hacia la salvación, porque la luz nos ha permitido encontrar el camino, pero la luz también alumbra el camino para que continuemos.

La manera de hacerlo es colocarnos en formación para indicar la ruta de escape. La iglesia debe alumbrar el camino a la salvación ***para todos***. Para los perdidos y para los redimidos. Esto confirma lo antes expuesto de que la gente se salva en la iglesia, aunque digan que la iglesia no salva a nadie.

4. Para alumbrar, el cucubano tiene que volar.

Durante su etapa de desarrollo, el cucubano se alimenta de material orgánico del suelo y de la naturaleza que le rodea. Esto le permite acumular energía suficiente para su etapa adulta, pues los cucubanos rara vez comen una vez llegan a esta etapa. Esto significa que el cucubano puede volar y emitir luz gracias a la alimentación y energía almacenada mientras crecía.

¡Qué enseñanza más poderosa! Es importante y absolutamente necesario que como iglesia demos el alimento y la provisión de energía necesarias para la formación, desarrollo y crecimiento de los creyentes. Esto significa que la etapa de desarrollo del cristiano es vital para su vida cristiana. La alimentación y provisión integral (en todas las áreas de la vida) es determinante para el éxito de nuestra misión.

Ahora bien, el que un cucubano haya sido alimentado adecuadamente no es sinónimo de que puede brillar. Para que el cucubano pueda brillar debe producirse un consumo de ese "combustible acumulado". El cucubano, así como el cristiano, debe poner en práctica todo lo aprendido. Es necesario que el cucubano vuele si quiere brillar. De hecho, el cucubano no brilla mientras no está volando.

Para que nosotros como iglesia podamos ser la luz del mundo debemos esforzarnos y ejercitarnos en ser la iglesia de Cristo. Es necesario que compartamos el pan de Dios con los demás. Es necesario que demos por gracia lo que hemos recibido por gracia. (Mateo 10:8).

Si la iglesia no se ejercita en los deberes que le corresponden y no cumple con su responsabilidad para con el mundo, no está cumpliendo con el propósito para el que fue llamada. Si somos la luz del mundo:

- Tenemos que brillar.
- Tenemos que ponernos en acción.
- Tenemos que volar.

Estas características que hemos mencionado no son, seguramente, todas las características que podríamos aplicar a nuestra condición de iglesia. Pero, ciertamente ponen en perspectiva unos asuntos que debemos tener en cuenta para poder comprender efectivamente lo que nuestro llamado significa. Veamos algunos de ellos.

1. La unidad es vital y necesaria para el cumplimiento de nuestro llamado.

Un solo cucubano no alumbra todo el camino, pero entre todos son capaces de crear una noche estrellada.

Cuando Jesús se refirió a sus discípulos como la luz del mundo utilizó la palabra "vosotros". Jesús se refirió a la totalidad de sus discípulos como "un cuerpo".

Ciertamente una sola persona no puede realizar todo el trabajo. Esta tarea de ser la luz del mundo es tarea de todos. Somos parte de un cuerpo, porque sólo hay un Cristo, Dios y Señor de todos. Y si entendemos que sólo hay un Cristo, debemos entender que no somos muchas luces, sino una sola luz. Unirse para alumbrar es una demostración de nuestro compromiso de ser la luz del mundo. Todos hacemos falta. El cuerpo no está completo si le falta una mano o un ojo.

La luz de los cucubanos siempre será más brillante cuando todos ellos están alumbrando. La función de la iglesia será más completa si todos trabajamos. Si todos volamos y contribuimos.

2. **Cuidado con los "sapos" y las "serpientes".**

Todo cucubano sabe que encender su luz lo pondrá a la vista de todos. Eso incluye a sus enemigos. Por lo mismo, todo cristiano que se dispone a encender la luz de Cristo para otros, y quiere cumplir con el llamado de Dios, debe saber que esto llamará la atención de aquellos que no quieren que la luz de Cristo llegue a otros.

Sabemos que Satanás, la serpiente antigua, ha querido siempre obstaculizar la obra de Dios. Por tanto, siempre buscará la forma de oponerse y de bloquear la luz. El diablo siempre querrá destruir la iglesia porque, además de ser enemigo de Dios y de la iglesia, hay una razón especial en todo este asunto.

Hablando de serpientes, cuentan que, en una ocasión, una serpiente comenzó a perseguir a un cucubano para devorarlo. El cucubano siempre encontraba la manera de escaparse de la serpiente, pero ésta no desistía de sus intenciones.

Un día, en medio de una de esas persecuciones, el cucubano se armó de valor, se detuvo y le habló a la serpiente de esta manera:

- ¿Puedo hacerte 3 preguntas?
- No acostumbro conceder un último deseo a nadie, - contestó la serpiente – pero como te voy a devorar, puedes preguntarme lo que quieras...
- ¿Pertenezco a tu cadena alimenticia? – preguntó el cucubano.
- No.
- ¿Te hice algún mal?
- No.
- Entonces, ¿por qué quieres acabar conmigo?
- Porque no soporto tu luz...

Sabemos que nuestro enemigo no soporta la luz de Cristo. Tampoco soporta cuando los perdidos son iluminados por esa luz. Es por eso que como iglesia tenemos tanta oposición. Tenemos un enemigo jurado y resuelto a hacernos la vida imposible. Y siempre que pueda nos atacará de frente.

Pero resulta que nuestro enemigo es muy astuto. No siempre nos hará frente de forma directa, pues nuestra luz podrá identificarlo a tiempo para evitar caer en sus garras. Así que la mayoría de las veces se valdrá de otras estrategias y artimañas. Muchas veces no vendrá a nuestro encuentro como serpiente, sino que vendrá disfrazado de sapo.

¿Por qué de sapo? Porque el sapo no persigue abiertamente, sino que se oculta, incluso dentro del agua, para atacar a sus víctimas. El sapo es la representación de la sutileza con la que el enemigo de la iglesia se infiltra para hacer daño desde adentro.

Debemos tener cuidado con los sapos. Ellos se introducen en nuestro estanque, se esconden entre sus hojas y sus aguas, y cuando menos lo esperamos utilizan sus lenguas pegajosas para apagar nuestra luz.

¿Cómo utilizan sus lenguas? Por medio de las críticas, los chismes, las palabras de desaliento y el negativismo.

También lo hacen introduciendo falsas enseñanzas y doctrinas de error en el pueblo. Los sapos se meten en nuestro estanque para comerse nuestra luz. La triste realidad es que, por más cucubanos que pueda comerse un sapo, no significa que el sapo podrá brillar como el cucubano.

Hay un refrán que dice que "los pensamientos del sabio se apagan en el buche de los tontos". Lo mismo sucede cuando el cucubano deja que los sapos se lo coman. Si nos descuidamos, podemos ser devorados por nuestros enemigos. Corremos el peligro de perdernos, pero además se añade el agravante de que muchos otros se pierdan por la falta de luz. Porque no hay quien les ilumine el camino. Porque hemos dejado al mundo sin luz.

La iglesia debe aprender de los cucubanos. Nuestra luz puede ser pequeña, pero en grupo provocamos una verdadera fiesta de luces. En cada uno de nosotros hay luz suficiente como para iluminar el camino de otros. De los que tenemos a nuestro alrededor.

Somos la luz del mundo. Somos los cucubanos de Dios. Es hora de volar. Volando mostraremos la luz que iluminará al mundo. Esa luz está en ti. Está en mí. Está en la iglesia de Cristo.

¡A brillar, cucubanos!!!

UNA CAMINATA EN LA PISTA

Lecturas: Salmo 27:4, 122:1, Mateo 5:23-24, 1 Tesalonicenses 5:14

Recuerdo cuando comencé a caminar en una pista olímpica cerca de mi casa. Hacer ejercicios es una experiencia gratificante, pues aunque requiere esfuerzo físico, no compara con los efectos extraordinarios que esta actividad produce. Uno se ve y se siente mejor.

Esta experiencia también me ha permitido identificar unas características similares a las que encontramos en nuestra experiencia de vida cristiana. Tanto hacer ejercicios como ejercitar nuestra fe requiere de unos pasos o aspectos muy parecidos, por lo que entiendo que debemos considerarlos de forma especial al compararlos.

Para ello, le voy a pedir que me acompañe en esta caminata por la pista. Identifiquemos juntos cuáles pudieran ser esos pasos o aspectos que encontramos en nuestro caminar en Dios y en nuestro caminar en la pista.

1. **Asuma la actitud correcta.**

¿Cuáles pudieran ser algunas de las motivaciones principales para comenzar a caminar o ejercitarnos? Algunas pueden ser:

- Mejor salud.
- Mejor condición física.
- Bajar de peso.

Yo entiendo que todo buen propósito debe comenzar por el deseo o anhelo de realizarlo. Ciertamente no nos ejercitaríamos si no tuviéramos una motivación para hacerlo. Por tanto, no importa cuál pudiera ser nuestra motivación para ejercitarnos, todo debe comenzar por nuestro deseo o anhelo de ejercitarnos.

Lo mismo sucede con nuestra experiencia de vida cristiana, particularmente en nuestra experiencia de adoración. Desde el momento en que decidimos venir al templo debe definirse en nosotros una actitud de adoración. El Salmo 122:1 nos dice:

"Yo me alegré con los que me decían: A la casa de Jehová iremos". (RVR60).

Debemos venir a la iglesia con una actitud de alegría. Venir a la Casa de Dios tiene que ser motivo de alegría y gozo. Nuestra motivación para estar en la Casa de Dios es la de disfrutar de las delicias que encontramos en su presencia. (Salmo 16:). Por tanto, nuestra motivación principal para venir al templo a adorar a Dios debe ser vivir una nueva experiencia de gozo. Esa debe ser nuestra actitud.

2. Póngase cómodo.

Una vez asumimos la actitud correcta, comienza el momento de la preparación. Cuando hacemos ejercicios, o vamos a la pista a caminar, seleccionamos aquella indumentaria que nos permita realizar nuestros ejercicios de forma más cómoda y eficiente.

Cuando camino en la pista puedo ver a varias personas que no están vestidas adecuadamente para ejercitarse o cargan con bultos, carteras y otros accesorios. Pareciera que, en lugar de ejercitarse, van a modelar. Lo cierto es que no podemos hacer ejercicios o caminar en la pista si cargamos con una computadora o si llevamos un bulto en nuestros hombros. Además, para hacer nuestra caminata nos ponemos calzado deportivo en lugar de tacones o de zapatos de vestir.

Lo mismo sucede con el momento de nuestra adoración. Toda carga habrá de implicar una forma indeseada de impedimento. Ponernos cómodos es la demostración de que hemos asumido una actitud correcta. Cuando hemos decidido venir a la Casa de Dios a adorarle es como cuando decidimos hacer ejercicios. Usted ha decidido separar un momento especial y único, donde no hay otra cosa en su mente y en su corazón que no sea lo que usted ya ha dispuesto para ese momento.

Desde luego, muchas veces venimos a la Casa de Dios con nuestras cargas, sin embargo, cuando venimos a la Casa de Dios no se trata de las cargas que tenemos, sino de la actitud con la que venimos a pesar de nuestras cargas.

Ponernos cómodos es venir a hacer lo que hemos venido a hacer, independientemente de las cargas que tengamos.

3. **Caliente antes de comenzar.**

Los que conocen de terapia física y medicina deportiva siempre recomiendan un periodo de estiramiento y acondicionamiento antes de comenzar cualquier rutina de ejercicios. Esto evita posibles lesiones y ayuda a detectar posibles problemas físicos que pudieran complicarse con el ejercicio. En el ejercicio de nuestra adoración pudiéramos confrontar problemas similares.

En Mateo 5:23-24, Jesús nos indica y nos aconseja lo siguiente:

"Por tanto, si traes tu ofrenda al altar, y allí te acuerdas de que tu hermano tiene algo contra ti, deja allí tu ofrenda delante del altar, y anda, reconcíliate primero con tu hermano, y entonces ven y presenta tu ofrenda". (RVR60).

No hay duda de que venir a adorar a Dios es producto de una motivación admirable y de una demostración necesaria para nuestra vida. No obstante, esta demostración debe considerar igualmente todas las áreas de nuestra vida. En ese sentido, nuestra actitud para con Dios debe reflejarse en nuestra actitud para con los hermanos.

Ejercitar la paz con el prójimo es una calistenia perfecta para ejercitar nuestra paz con Dios. Además, recuerde que la adoración a Dios no comienza en el templo. La adoración a Dios en el templo comienza desde que usted decide venir al templo. Si ya venimos en actitud de adoración cuando llegamos al templo, estamos aportando positivamente al ambiente de adoración en el templo.

Esto es parte de nuestra actitud de adoración a Dios. Llegar motivado es importante, pues no sólo se llega motivado, sino que también llegamos a motivar. La actitud y la motivación son contagiosas, esto tanto en el ejercicio como en la adoración.

4. **Evite las distracciones.**

Es interesante notar cómo llegan algunos de los que van a la pista a caminar. Muchos comienzan a caminar, pero no se despegan del celular.

Mantienen una conversación telefónica a lo largo de toda la ruta. Otros, con la excusa de mantenerse concentrados, utilizan equipos electrónicos de música, o los llamados "IPods", escuchando lo que quieran por medio de audífonos.

Esta práctica, lejos de mantener concentración, puede convertirse en una peligrosa distracción. Es importante reconocer que en el área de ejercicios debemos evitar todo aquello que interfiera con lo que hemos venido a hacer. Tanto en la pista como en el templo sucede lo mismo. Una vez estamos en el área de ejercicios o de adoración, es necesario evitar aquello que rompa nuestra concentración.

En el caso de nuestra adoración, debemos tener en cuenta que hemos venido al templo con un propósito. (Si el propósito no está definido desde un principio, entonces lo recomendable sería que comencemos otra vez por el paso #1).

A veces pensamos que la concentración en el templo consiste en encerrarnos en nuestro propio mundo. Permítame recordarle que cuando venimos al templo, no venimos únicamente a hablar con Dios. Venir al templo es una oportunidad magnífica, hermosa y perfecta para que Dios también le hable a usted.

Si estamos distraídos o ensimismados en nosotros mismos no le podremos prestar atención a las instrucciones de nuestro Entrenador.

También debemos tener en cuenta que, tanto en la pista como en el templo, debemos comportarnos adecuadamente. La consideración y la cortesía son gestos que permiten que todos podamos hacer buen uso del espacio que compartimos.

Todo esto demuestra que las distracciones, entonces, son tanto internas como externas. Debemos evitar ambas, pues estamos en plena rutina de ejercicios y nuestro Entrenador nos está observando.

5. Sude el uniforme.

Resulta curioso y hasta gracioso observar a mucha gente que va a la pista, pero no van a hacer ejercicios. Muchos van a encontrarse con otros amigos y compañeros, a mirar a los que se ejercitan o simplemente a distraerse. Uno se pregunta: ¿Para qué pasan tanto trabajo, si en definitiva no van a hacer nada?

Para un atleta en la pista, o para un cristiano en el templo, asumir la actitud correcta, ponerse cómodo para ejercitarse, evitar las distracciones e incluso calentar antes de comenzar no tiene sentido si, en efecto, no hace sus ejercicios.

De nada vale venir a la Casa de Dios si usted no permite que el Dios de la casa venga a usted. En el Salmo 27:4 encontramos una descripción perfecta de lo que debemos hacer cuando decidimos venir o cuando estamos en la Casa de Dios:

"Una cosa he demandado a Jehová, ésta buscaré; que esté yo en la casa de Jehová todos los días de mi vida, para contemplar la hermosura de Jehová, y para inquirir en su templo". (RVR60).

Es de esta manera como verdaderamente sudamos nuestro uniforme. Como muy bien expresa este salmo, quienes demandan y buscan a Jehová, quienes procuran contemplar su hermosura y quienes inquieren en su templo somos nosotros. Somos nosotros quienes debemos poner la acción donde ponemos la actitud.

Si nuestra verdadera intención es sudar el uniforme y respaldar nuestra actitud con la acción, Dios responderá contestando nuestra demanda, dejándose encontrar mostrándonos Su hermosura y dándonos aquello que hemos venido a inquirir.

6. Trabaje en equipo.

Caminar en la pista puede ser más llevadero si tenemos un compañero de caminatas. Ahora bien, cuando una persona tiene un compañero de caminatas, por lo general caminan juntos.

No se atrasan ni se adelantan entre ellos. Esto, además de hacer el trayecto más llevadero, permite que se animen mutuamente y que se ayuden en caso de un traspié o una emergencia.

El trabajo en equipo es una dinámica vital y necesaria en la iglesia.

- En Mateo 18:19, Jesús destaca la importancia de que dos personas se pongan de acuerdo en lo que pidan.
- Amós 3:3 sugiere que los que caminan juntos deben estar de acuerdo.
- Eclesiastés 4:9-11 nos presenta varios beneficios de no estar solo: Se obtiene mejor paga, se cuenta con ayuda mutua y pueden calentarse o darse apoyo en tiempos de frío.
- En Hebreos 13:16, la Palabra de Dios nos declara que Dios se agrada de que nos ayudemos mutuamente.

De otro lado, 1 Tesalonicenses 5:14 nos dice:

"También os rogamos, hermanos, que amonestéis a los ociosos, que alentéis a los de poco ánimo, que sostengáis a los débiles, que seáis pacientes para con todos". (RVR60).

La verdad es que, así como no todos se esfuerzan en la pista de la misma manera, en la iglesia no todos ejercitan su fe con la misma intensidad.

Pero, aunque esto sea cierto, es importante que nadie se quede rezagado. Debemos animarnos entre todos. Después de todo, todos estamos en el mismo equipo y todos corremos la misma carrera. La victoria de uno se convierte de esta forma en la victoria de todos.

7. Consiga un buen palo.

Usted me preguntará: ¿Qué tiene que ver todo esto con un palo? Por fortuna, el palo no es para utilizarlo en la pista. Lo que sucede es que, en ocasiones, no podemos llegar hasta la pista para ejercitarnos por distintas razones:

- Enfermedad
- Distancia
- Condiciones del tiempo
- Obligaciones personales, laborales o familiares.

Sin embargo, estas causas no deben ser excusas para dejar de ejercitarnos, tanto en la fe como en la pista. Siempre podemos ejercitarnos, aunque no estemos en la pista o en el templo. Esto pone de manifiesto que, en ocasiones, será necesario ejercitarnos fuera de la pista, o lo que es igual, adorar a Dios fuera del templo.

Entonces, ¿para qué queremos o necesitamos un palo?

Sucede que, a veces, cuando nos ejercitamos fuera de la pista, podemos encontrarnos con ciertos peligros, como perros feroces, otras personas malintencionadas y hasta condiciones inseguras del camino.

Por tanto, tener un buen palo mientras caminamos fuera de la pista nos permitirá:

- Alejar las fieras.
- Mantener el balance.
- Apoyarnos en el camino.
- Defensa personal.

Como hemos visto, hacer ejercicios, sean físicos o espirituales, involucra una serie de consideraciones especiales, requiere una buena parte de esfuerzo y determinación e incluye una variedad indeterminada de situaciones inesperadas. Sin embargo, como mencionamos al principio, los resultados muy bien valen la pena.

¿Todavía quiere hacer ejercicios?

- Comience por asumir una actitud correcta.
- Póngase cómodo. Esto demuestra que usted tiene la actitud correcta.
- Caliente antes de comenzar. La actitud de adoración comienza desde que decidimos adorar, y es una demostración compartida con Dios y con el prójimo.

- Evite las distracciones, esto es, todo aquello que nos distrae y nos aparta del propósito del ejercicio, sean externas o sean internas.
- Sude el uniforme. Demuestre que usted está dispuesto a hacer lo que se ha propuesto hacer.
- Trabaje en equipo. Ayudar y ser ayudados es parte del ejercicio.
- Consiga un buen palo. No hay excusa para no ejercitarse o adorar a Dios. Si no puede venir al templo, con un buen apoyo en su fe, con un buen palo, estará listo para adorar fuera del templo y defenderse si lo necesita...

Ejercitemos nuestra fe, juntos y en armonía en la Casa de Dios. Y, desde luego, demos una caminata en la pista para una mejor salud.

Si quiere, lo acompaño. ¿Qué le parece...?

AH1N1

Lecturas: Isaías 1:16-18,

El año 2009 nos dejó muchas noticias y muchos recuerdos en Puerto Rico:

- Las muertes de Michael Jackson, Farrah Fawcett, Ted Kennedy y Oral Roberts.
- La juramentación del primer presidente afroamericano en la historia de los Estados Unidos. (Barack Obama).
- Una jueza puertorriqueña en el Tribunal Supremo de los Estados Unidos. (Sonia Sotomayor).
- Un puertorriqueño en el espacio. (Joseph Acabá).
- El incendio en la refinería Gulf.
- Una nueva pandemia: El virus AH1N1.

Es precisamente este último acontecimiento de nuestra lista el que llama nuestra atención en esta ocasión. La razón principal para considerarlo es que, a diferencia de las noticias anteriores, esta noticia seguirá ocupando titulares en nuestros periódicos y noticieros. Las otras noticias han sido eventos que no volverán a repetirse, mientras que este nuevo virus, el AH1N1, es una noticia que seguirá dando de qué hablar, porque se trata de una noticia que implica contagio.

Implica que la noticia tiene la gran posibilidad de seguirse repitiendo. Se trata de la llegada de un virus que no se sabe por cuánto tiempo nos acompañe. Se trata de una noticia con la que vamos a estar lidiando, al menos por un tiempo.

Para desarrollar nuestro pensamiento, es necesario que también recordemos eventos que han sucedido, no sólo los más recientes, sino una noticia que se registró hace muchísimos años, y que todavía sigue teniendo repercusión en nuestros días, no sólo por el suceso en sí, sino por sus devastadores efectos.

Hace muchos, muchos años, el hombre desobedeció a Dios en el Huerto del Edén. Todos conocemos la noticia. Sin embargo, lo particular de esta noticia que impactó toda la creación no ha sido específicamente que Adán haya pecado. Adán pecó, pero Adán ya no está ni estará con nosotros.

Lo particular de esta noticia es que esa desobediencia de Adán, y los efectos de esa desobediencia, todavía nos acompañan. Desde entonces, el hombre ha tenido que estar lidiando con un virus mortal y devastador, que ha estado con nosotros desde nacemos, y que sigue ocupando titulares en nuestros periódicos y noticieros debido a las muchas formas en las que este virus se manifiesta. Hablamos del peligroso y mortal virus del pecado.

Como consecuencia del pecado, el hombre ha visto amenazada su vida eterna con Dios, porque el resultado directo de estar contagiado con el virus del pecado es pasar la eternidad en el infierno. Total y absolutamente alejado de Dios.

No obstante, Dios, quien es grande en misericordia, ha buscado un remedio a este terrible mal. Aún siendo Él el ofendido, ha buscado, y todavía busca, que nadie se pierda eternamente. Con esto en mente, Dios ha diseñado un plan. Un plan que tiene dos objetivos principales: Establecer un plan de atención y prevención del pecado, para evitar que el hombre sea contagiado, y el otro objetivo consiste en diseñar un plan de contingencia para combatir sus efectos en la vida del hombre que ya está infectado.

El pensamiento que compartiremos, entonces, estará dirigido a describir este plan estratégico, pero, para ello, lo haremos desde la perspectiva de la noticia que hemos heredado en el 2009. Analizaremos el plan de atención y prevención del pecado en el hombre desde la perspectiva de atención y prevención del virus AH1N1.

Seguiremos las recomendaciones de las Escrituras tal y como siguiéramos las recomendaciones de los expertos en el área de salud para combatir este virus.

1. **Lávese las manos.**

La exhortación principal de la Organización Mundial de la Salud y del Centro de Control de Enfermedades es a lavarse las manos, al menos cada dos horas. Esta exhortación pretende abarcar ambos aspectos del plan estratégico, es decir, cómo atender y prevenir ser víctima de esta pandemia. Lavarse las manos evita que, al tocarnos los ojos, la nariz o la boca, nos contagiemos con el virus, si es que hemos tenido contacto con el mismo. Además, lavándonos las manos evitamos la propagación del virus a los demás por medio del contacto físico.

En cuanto al virus del pecado, la Palabra de Dios nos dice, en primer lugar, que nuestros pecados son *"como la grana"*, y *"rojos como el carmesí"*. (Isaías 1:18). Curiosamente, mientras buscaba algunas definiciones del término, encontré que la grana no se refiere únicamente al color rojo. Resulta que también se le llama grana al excremento de un insecto llamado quermes o cochinilla, que produce una mancha de color rojizo cuando se exprime.

Entiendo que la referencia con el pecado no puede ser más propia. El pecado apesta, nos mancha y hace que todos se den cuenta de nuestra peste y nuestra mancha. Es el excremento resultante de una vida apartada de los mandamientos de Dios.

Es por eso que la Escritura nos exhorta en Isaías 1:16 que debemos lavarnos y limpiarnos.

- Lavar nuestras manos es señal de nuestra necesidad de protegernos de las consecuencias que el pecado puede producir en nosotros si dejamos que ese virus penetre nuestro organismo.
- Lavarnos las manos nos permite tener un organismo sano, pero a la vez permite que no contagiemos a los demás.
- Lavar nuestras manos es tener la buena costumbre de mantener nuestras vidas libres del virus del pecado, y así evitar contaminar a los nuestros.
- Lavando nuestras manos no nos contagiamos con el pecado, ni lo propagamos a los demás.

Ahora bien, ¿con qué lavaremos nuestras manos? ¿Qué será lo que sirva de "sanitizador" para purificar nuestras manos? ¿Con qué seremos limpios de nuestros pecados?

2. Hay medicina. Consulte a su médico.

¿Sabía usted que, según los expertos de la salud, el virus AH1N1 no tiene por qué matar a nadie? No menospreciamos la peligrosidad de este virus, ni pretendemos restar importancia al dolor de aquellos que han perdido familiares y amigos a causa de esta epidemia.

Sin embargo, para que el plan estratégico funcione, para que nadie tenga que morir a causa de este virus, es necesario que el mismo se implemente por completo. Si no lo atendemos, no podremos protegernos. Si no nos protegemos, no estamos atendiendo este asunto con seriedad y responsabilidad.

Hay un refrán que dice: Es mejor prevenir que tener que remediar. Para que el plan funcione, debemos ser proactivos, tanto en la atención como en la prevención. Debemos hacer todo lo posible por no contagiarnos, pero, si nos contagiamos, debemos hacer todo lo posible por atendernos. Debemos ir a nuestro médico y seguir sus recomendaciones. No podemos postergar un tratamiento que muy bien puede salvar nuestras vidas. No debemos ignorar la más mínima señal de la presencia de este virus.

Al virus del pecado hay que combatirlo de la misma manera. El pecado no tiene por qué separarnos permanentemente de Dios, cuando Dios mismo ha diseñado un plan para evitarlo. La Palabra de Dios nos indica claramente cuál es el remedio para este terrible mal.

1 Juan 1:7 nos dice que *"la sangre de Jesucristo nos limpia de todo pecado"*. ¡Este es el remedio propuesto por el Padre! ¡Este es el antídoto contra el pecado y sus efectos mortales!

Ciertamente es muy triste que el virus AH1N1 haya dejado 45 muertos, al menos en Puerto Rico a esta fecha. Sin embargo, el virus del pecado nos dejó en el 2009 un saldo de:

- 900 asesinatos.
- Casi 400 suicidios.
- Entre 300 y 500 muertes por accidentes en las carreteras.
- Miles de familias destruidas por la violencia doméstica, las drogas y el alcohol.
- Cientos de jóvenes deambulantes, poniendo en riesgo el futuro de nuestro país.

El virus AH1N1 quiere arroparnos, y debemos impedirlo. El pecado también quiere destruirnos, y no debemos permitirlo. Nuestras familias, nuestros hijos, nuestros esposos y esposas, nuestros vecinos y amigos están en peligro. Hay que recurrir al remedio infalible que nos indica la Biblia. Hay que combatir el pecado aplicando la sangre de Cristo.

Sin embargo, para obtener este antídoto, es necesario venir y tomarlo de la fuente. Es necesario venir a la cruz. Es necesario venir a quien derramó esa preciosa sangre por nosotros. Es necesario venir a Jesús. El cuidado del alma no se puede descuidar ni postergar. Si dejamos para después un asunto tan importante, estamos ignorando el daño progresivo del pecado.

El virus, entonces, nos podrá matar sin remedio.

3. Uso de la mascarilla.

El uso de mascarillas se recomienda para evitar el contagio del virus AH1N1 en lugares expuestos y propensos a la contaminación. La aplicación lógica en referencia al virus del pecado es similar, pero tiene una connotación especial. En relación al virus del pecado, la mascarilla no es meramente un objeto, sino que tiene que ver más bien con una cuestión de actitud.

Necesariamente estaremos expuestos a ambientes donde el pecado existe. La calle, nuestro lugar de trabajo, algunas de nuestras familias, nuestro vecindario y muchos otros lugares que tenemos que frecuentar son algunos de esos ambientes cargados de virus.

En ese sentido, la mascarilla funciona como el sello del Espíritu Santo de Dios, que siempre es efectivo para salvarnos y protegernos de cualquier peligro de contagio. Sin embargo, ese sello, esa mascarilla, no será efectiva si, efectivamente, no la usamos.

El plan estratégico del Padre es para salvar a toda la humanidad, pero no toda la humanidad se salva, porque no toda la humanidad decide hacer de este plan parte fundamental de su vida.

La mascarilla, por otra parte, es nuestro testimonio, que les dice a los demás que, aunque en el ambiente haya pecado, nosotros no queremos contaminarnos.

- La mascarilla es nuestro testimonio, que le dice al mundo que no adoraremos a otro dios, aunque nos toque estar en el horno de fuego ardiendo.
- La mascarilla es nuestro testimonio, que le dice al mundo que no desobedeceremos a Dios, aunque nos toque entrar en el foso de los leones.
- La mascarilla es nuestro testimonio, que le dice al mundo que no cederemos a sus tentaciones, aunque nos toque dejar nuestra capa atrás.
- La mascarilla es lo que utiliza nuestro Buen Pastor para que, aunque vayamos por valle de sombra y de muerte, no tengamos miedo de ningún mal.

Usar la mascarilla es la forma en la que le decimos al mundo que estamos agradecidos de lo que Jesús hizo por nosotros al limpiarnos con su sangre del virus del pecado.

Considerar esta actitud nos indica que, como parte del plan estratégico del Padre para atendernos y protegernos del virus del pecado, hay una parte que nos corresponde hacerla a nosotros.

Hemos mencionado que las actitudes de nuestra parte, en ese sentido, son las de limpiarnos las manos, procurar la medicina y el remedio a nuestro Médico por excelencia, Jesucristo, y usar la mascarilla que da testimonio de que, como hijos de Dios, queremos agradarle. Pero aún faltan otras consideraciones especiales.

Dijimos que debemos cuidarnos de los ambientes contaminados, tanto con el virus AH1N1, como los ambientes contaminados por el pecado. Sin embargo, cuidarnos de esos ambientes no significa que no nos veremos en la necesidad de acercarnos en algún momento. Tenemos que ir a nuestros lugares de trabajo, salir a la calle y relacionarnos con los demás. Por tanto, estar relacionados con estos ambientes, y con personas contaminadas, es casi inevitable. Si a esto le añadimos que, como iglesia, somos enviados precisamente al mundo perdido, entonces eso significa que muchas veces no tendremos opción.

Desde luego, el que no tengamos otra alternativa para evitar relacionarnos con los demás no significa que no tengamos alternativas para definir esa relación. Una de las alternativas introducidas en Puerto Rico para evitar el contagio con el virus AH1N1 es lo que el Dr. Johnny Rullán, epidemiólogo del Estado y ex Secretario de Salud, ha denominado "el saludo porcino".

El saludo porcino consiste en un saludo fraternal, pero en lugar del apretón de manos, las personas se saludan tocando codo con codo a los demás. Ciertamente, además de ser una expresión creativa, es también un saludo simpático. Por supuesto, como dice el refrán, "lo cortés no quita lo valiente".

No podemos perder de perspectiva que su propósito sigue siendo evitar el contagio con el virus. La exhortación bíblica, en ese sentido, también cumple con el mismo propósito, pero además, es parte de una preocupación genuina del mismo Señor Jesús.

En Juan 17, vemos a Jesús orando por sus discípulos. A punto de ser arrestado y condenado, su oración al Padre denota su preocupación ante la inevitable realidad de que, después de su muerte y resurrección, sus discípulos todavía permanecerían en el mundo. Pero esta realidad estaba acompañada por otra realidad bíblica importante.

Juan 17:15-16 nos dice:

"No ruego para que los quites del mundo, sino que los guardes del mal. No son del mundo, como tampoco yo soy del mundo". (RVR60).

Nuestra relación con el mundo es inevitable, pero no tiene que ser una relación igual a la del mundo.

No nos relacionamos con el mundo como si fuéramos del mundo. Pero, la realidad es que la Palabra de Dios nos dice que, aunque no somos del mundo ni como el mundo, estamos en el mundo. ¿Significa esto que lo mejor sería no relacionarnos con el mundo? ¿Significa esto que no podemos amarlos? Tal como diría el Apóstol Pablo, "en ninguna manera". No hay nada más lejos de la verdad.

La verdad es que Dios siempre ha amado, todavía ama y siempre seguirá amando al pecador. Por lo mismo, como hijos del Dios, también debemos amar al pecador. Sin embargo, así como la epidemia del virus AH1N1 ha provocado nuevas formas para expresar el amor, así también nosotros debemos manifestar el amor de forma distinta a como el mundo lo hace.

Amar a nuestro prójimo no significa que nos contagiaremos con su pecado para demostrar que le amamos y que no hacemos acepción de personas. Usted no se corta una mano para demostrarle a un manco que entiende su situación. Usted no se identifica con la necesidad de un ciego sacándose los ojos. En todo caso, usted convierte sus manos y sus ojos en las manos y los ojos del necesitado. Por otra parte, amar al prójimo no es necesariamente ayudarlo como él quisiera, sino como realmente lo necesita.

El virus AH1N1 ha obligado a crear nuevas formas de expresiones fraternas. El virus del pecado nos obliga a crear nuevas formas para decirle al pecador que Cristo le ama, y que nosotros también le amamos.

4. **Tome vitaminas.**

Por último, consideraremos otra importante recomendación que hacen los expertos de la salud. Es necesario seguir todas las recomendaciones mencionadas, pero también es importante reforzar nuestro sistema inmunológico. En ese sentido, recomiendan que tomemos vitaminas y hasta productos naturales, sobre todo aquellos productos que cuidan y fortalecen el sistema respiratorio.

En el caso del virus del pecado, la oración, nuestra devoción y servicio a Dios y la lectura de Su Palabra son el refuerzo vital para nuestra vida espiritual.

Es importante que mantengamos la buena práctica de congregarnos. La Biblia advierte que es muy peligroso apartarse de la congregación. También es importante ejercitarnos en la fe de Jesucristo. Serle fiel. Obedecerle en todo momento. Nuestra relación con Dios tiene que estar saludable para que, en efecto, nuestra vida espiritual sea también saludable.

Recuerde que nuestra atmósfera está constantemente cargada de malicias y de virus mortales. Nuestro adversario el diablo anda como león rugiente buscando a quien devorar. (1 Pedro 5:8). Es prudente no bajar la guardia. La Palabra de Dios advierte que aquel que crea estar firme, mire que no caiga. (1 Corintios 10:12).

No seamos negligentes en la atención y prevención de este mortal virus llamado pecado. Lavemos nuestras manos y todo nuestro ser en la sangre de Jesús. Para ello, hay que acudir a nuestro único y Seguro Médico y Salvador de nuestras almas. Este es un asunto que no se puede dejar para después. La medicina y el tratamiento están garantizados.

Una vez hayamos tomado la importante decisión de aplicarnos la sangre de Cristo para el perdón de nuestros pecados, no olvidemos usar nuestra mascarilla. No podemos arriesgarnos a experimentar una recaída en esta enfermedad. Podría ser mortal.

Además, no olvide tomarse sus vitaminas espirituales. Mantenga su sistema inmunológico en una salud óptima.

Siga estos consejos y le garantizo que, como dice el salmista en el Salmo 112:7, “no tendremos temor de malas noticias…”.

APICULTURA CRISTIANA

Lecturas: Varias

Recientemente en nuestro templo se realizó un trabajo de remoción de una colmena de abejas que se había desarrollado en un espacio entre el techo exterior de madera y el techo acústico interior. Un hermano de la iglesia, quien tiene conocimiento de estos procedimientos, realizó el trabajo, pues él tenía una seria preocupación. Él no quería que otra persona lo hiciera porque seguramente esa otra persona destruiría el panal y mataría a las abejas. Su principal motivo al remover el panal era evitar que se destruyera y que las abejas no murieran, porque él dice que las abejas son muy útiles para el hombre.

Con esto en mente, me di a la tarea de hacer una investigación sobre las características y el comportamiento de las abejas, con la intención de encontrar, si había, alguna similitud con las características y el comportamiento del pueblo cristiano. De alguna manera imaginaba que tuvieran algo en común. Desde luego, los hallazgos de esta investigación fueron sorprendentes. No sólo que, efectivamente, las características y el comportamiento de las abejas tienen mucho en común con las características y el comportamiento del pueblo cristiano, sino que ellas encierran poderosas enseñanzas para nosotros.

Pudiéramos, con esta investigación, contestar una pregunta como esta: ¿En qué se parece una abeja a un cristiano? Entremos, pues, en un análisis científico y práctico de esta comparación. Hoy las abejas nos enseñarán muchas cosas que nosotros debemos saber como cristianos.

En primer lugar, las abejas tienen unas características interesantes que debemos considerar. La abeja es un insecto fundamentalmente social. Vive en grupos organizados para realizar trabajos específicos. Esto significa que la naturaleza social de la abeja no reconoce un valor individual propio, sino un valor relativo a la colmena. En otras palabras, el valor de la abeja depende de lo que representa para la colmena. Por tanto, una abeja sin colmena no vale nada. No tiene propósito de trabajo. No aporta ningún beneficio a nadie. Una abeja usualmente pertenece a una colmena, pero, si por casualidad no perteneciera a ninguna, usualmente muere.

¿Tendrá esto alguna relación con nosotros como cristianos? Ya lo creo que sí. La vida sin Cristo es muy triste y desafortunada. Si no pertenecemos al cuerpo de Cristo somos inútiles. No valemos nada. Estamos sin vida. Nada podrá darle sentido y valor a la vida del hombre que está fuera de Jesús. Solo en Jesús está la verdadera vida. Solo Jesús es quien puede darnos vida, y vida en abundancia. (Juan 10:10).

De hecho, el mismo Jesús hace una comparación similar en Juan 15:4, cuando nos advierte lo siguiente:

"Permaneced en mí, y yo en vosotros. Como el pámpano no puede llevar fruto por sí mismo, si no permanece en la vid, así tampoco vosotros, si no permanecéis en mí". (RVR60).

Posteriormente, el autor (o la autora) de Hebreos nos hace una exhortación a que no nos apartemos de la congregación. (Hebreos 10:25). La congregación de los santos es para los cristianos lo que la colmena es para las abejas. Pertenecer al cuerpo de Cristo nos da una identidad. Ser parte de la iglesia de Cristo es ser parte del Cristo de la iglesia.

Apartarse de la congregación, por otro lado, es una muy mala costumbre. Si no somos parte de "la colmena" corremos un inmenso riesgo de morir. Fuera de la colmena nuestra vida no tiene sentido, ni dirección ni propósito.

Otra característica interesante de las abejas la descubrió el Dr. Clarence L. Farrar, Secretario de Agricultura de los E.U. (1958-1961). (2do. Término – Presidente Dwight Eisenhower). El Dr. Farrar condujo unos estudios de comportamiento entre una gran cantidad de colmenas de abejas.

Al final de esta investigación se produjo lo que se conoce como La Regla de Farrar. De acuerdo a esta regla, el comportamiento de la colmena es el efecto que se produce de la interacción de las abejas. Esto ayuda, entre otras cosas, a determinar la productividad de la población de una colmena.

Es decir:

- La colmena se comportará de acuerdo a cómo se comporten las abejas. Por tanto, el comportamiento de la colmena lo determinan las abejas.
- El comportamiento de las abejas responderá a los intereses propios de la colmena. (Defensa, crianza, producción).
- La productividad de una colmena está determinada por el comportamiento de las abejas de la colmena.

En ese sentido, el pueblo cristiano tiene mucho en común con las colmenas de abejas. Así como el comportamiento de la colmena lo determinan las abejas, el testimonio de la iglesia lo determinan los cristianos. Es, precisamente, por el testimonio que damos al mundo como cristianos que el mundo nos evalúa.

Esto es de gran importancia para nosotros, pues el mundo dirá de Cristo lo que nosotros como cristianos le mostremos con nuestro testimonio.

Así como el comportamiento de la colmena da testimonio de la clase de colmena que es, el comportamiento del cristiano da testimonio a los hombres del Cristo que predicamos.

Guardar el testimonio fue siempre muy importante para Jesús. Consideremos los siguientes pasajes bíblicos:

- Lucas 4:22 – Todos daban buen testimonio de Él y estaban maravillados de las palabras de gracia que salían de su boca.
- Lucas 9:18-19 – Jesús destaca la importancia de lo que la gente decía de Él.
- Tito 2:10 – El buen testimonio adorna la doctrina de Dios.
- 1 Timoteo 3:7 – Es necesario el buen testimonio ante el mundo para no caer en descrédito ni en lazo del diablo.

Todo este cuidado tiene una razón de ser muy especial. La Regla de Farrar establece que el comportamiento de las abejas determina la productividad de la colmena. Es entonces que entramos en otra característica importante de las abejas que se relaciona directamente con el cristiano: La producción de miel.

Podemos mencionar muchas características de la miel.

- La miel es uno de los alimentos más completos de la naturaleza.
- Es deliciosa.
- Es nutritiva.
- Es pura.
- Tiene muchos usos medicinales.

No obstante, hay una característica muy especial de la miel. La miel no tiene fecha de caducidad. Nunca expira. De hecho, en algunas antiguas tumbas egipcias se encontró envases que contenían miel que estaba perfectamente conservada. ¿Tendrá esta característica alguna relación con nuestro testimonio como cristianos? Desde luego que sí.

Desafortunadamente, en algunas ocasiones, hemos cometido errores que son difíciles de enmendar. La primera impresión que hemos dado, ese testimonio inicial que hemos ofrecido en algún momento, difícilmente puede corregirse. Por eso es que debemos tener mucho cuidado del testimonio de cristianos que damos al mundo. No podemos olvidar que estamos rodeados por *"una grande nube de testigos"*. (Hebreos 12:1).

Así como la miel no puede ser amarga, tampoco debemos ofrecer al mundo un mal testimonio del evangelio de Jesucristo. Nadie comería nuestra miel. Nadie creerá a nuestro anuncio.

Ahora bien, quisiera destacar una última característica de las abejas que encuentro muy especial en relación con los cristianos. Resulta que, además de la producción de miel, la abeja cumple con otra función importante en la naturaleza. Las abejas colectan el néctar de las flores, y es con este néctar que producen la miel.

Sucede que, mientras está en ese proceso, la abeja se impregna del polen de las flores. Cuando la abeja llega a otra flor, la abeja combina el polen de esa flor con el polen que lleva impregnado en su cuerpo. Este proceso se conoce como *polinización*.

La polinización es el proceso mediante el cual se transportan las semillas de las flores y se fecundan las plantas, las que luego producirán frutos. Para ello, la abeja cuenta con un cuerpo velludo, que a su vez está cargado con energía electrostática. Esto ayuda a que el polen se adhiera a su cuerpo.

De alguna forma parecida, el cristiano cumple con su misión de llevar el evangelio a toda criatura. En primer lugar, tiene que estar revestido con el poder y la energía electrostática del Espíritu Santo. Es necesario tener la unción del Espíritu Santo para que la semilla del evangelio se nos impregne, de tal manera que impactemos y fecundemos con la Palabra de Dios a todos los que estén a nuestro alcance.

La instrucción de Jesús a sus discípulos en Hechos 1:8 fue muy clara. Era necesario que, antes de ser testigos del evangelio en todo lugar, recibieran el poder del Espíritu Santo. Por tanto, para que nuestro trabajo evangelístico sea efectivo, es necesario que, así como las abejas tienen el cuerpo cargado con energía electrostática, nosotros estemos cargados con el poder del Espíritu Santo de Dios.

Esta realidad establece, a su vez, otra enseñanza muy importante. El fruto de las plantas que muchas veces disfrutamos proviene en gran medida del trabajo de las abejas. Fue una abeja la que llevó la semilla productora a la planta que produjo ese delicioso fruto.

Esto cobra una gran importancia, si consideramos que la semilla de polen que la abeja transportó tenía que ser de buena calidad para producir un fruto de igual calidad.

En nuestro caso, es necesario que cuidemos celosamente la calidad de semilla que llevamos al resto del mundo. Si queremos que la semilla del evangelio produzca buenos frutos, debemos ser cuidadosos de la calidad del testimonio y de la palabra que compartimos con los demás. La Palabra de Dios nos exhorta a que no llevemos el mensaje de cualquier manera. La Biblia nos dice en Colosenses 4:6:

"Sea vuestra palabra siempre con gracia, sazonada con sal, para que sepáis cómo debéis responder a cada uno". (RVR60).

Nuestra palabra para con el prójimo debe ser una palabra bien intencionada. No debe utilizarse la Palabra de Dios para acusar o destruir al prójimo. Ese trabajo de redargüir lo hará el Espíritu Santo. El Espíritu Santo se encargará de convencer a los pecadores de su pecado. Por otra parte, una semilla compartida con calidad y amor retornará a nosotros de la misma forma.

Observe la siguiente historia. Año tras año, un agricultor ganaba el premio a la mejor cosecha de maíz de su comunidad. Al preguntársele cuál era su secreto, el agricultor contestó a los medios que su secreto era compartir la misma semilla con sus vecinos. Un reportero le cuestionó que, si él compartía su semilla con los demás, por qué razón los demás agricultores no ganaban el premio.

El agricultor contestó:

- Me gusta compartir con mis vecinos la misma semilla de maíz que utilizo en mi terreno, porque eso garantiza que mis plantas recibirán un polen de calidad cuando las abejas vengan y las polinicen. Si regalo a mis vecinos semillas de baja calidad, cuando las abejas vengan de planta en planta, recibirán un polen de mala

> calidad. Por eso mis plantas producen buenos frutos, porque he compartido con mis vecinos una buena semilla".

Ciertamente nuestro trabajo como iglesia y nuestra función como cristianos son muy parecidos a la función que realizan las abejas. Las Escrituras se refieren a nosotros como "Pueblo de Dios" y como *"ovejas de su prado"*. (Salmo 100:3).

¿Será que, además de "ovejas", podemos ser "abejas" del Señor?

Yo creo que sí, ¿no le parece...?

TELESCOPIO, MICROSCOPIO Y ESTETOSCOPIO

Lectura: Mateo 2:9-11

Inspirado en el drama de Navidad llamado *El Niño que ha nacido y el arado"*, de Sheila Kay-Smith, construí la siguiente ilustración:

El 24 de diciembre de este año se registró un suceso sin precedentes. A través del internet circuló por primera vez un virus cibernético benigno llamado "Estrella de David". Este virus anunciaba el nacimiento de un niño con características excepcionales.

- No se le reconocía como un sujeto, sino como un "Verbo". (Juan 1:1)
- Algunos alegaban que se trataba de un extraterrestre, porque su concepción fue un tanto... extraña. (Lucas 1:26-35).
- Se trataba de un Rey, pero su reino no era de este mundo. (Juan 18:36).
- En todas las promociones y pautas publicitarias previas a su nacimiento se le mencionaba como "Admirable, Consejero, Dios Fuerte, Padre Eterno, Príncipe de Paz". (Isaías 9:6).

La noticia causó revuelo internacional, por lo que la comunidad científica se involucró en el asunto.

Tres reconocidos científicos, un astrónomo, un biólogo y un médico, se dieron a la tarea de investigar el suceso. Luego de un tiempo de investigaciones, recopilación de datos, análisis y conclusiones, los tres científicos presentaron sus informes de manera individual.

El astrónomo concluyó lo siguiente:

“Luego de estudios exhaustivos sobre este fenómeno que se nos ha reportado, hemos concluido que, en lo que a nuestros conocimientos y especialidades se refiere, el acontecimiento aquí referido es uno sin precedentes".

"La astronomía no registra un evento espacial tan significativo. Nunca antes se había visto a una estrella tan brillante en el cielo. Ningún telescopio resistiría captar tan extraordinario suceso. Pero no tan solo eso, sino que esta estrella mostraba un movimiento propio totalmente inusual, moviéndose hasta un punto específico, y desde allí emitía una luz directa hacia un lugar en particular”.

“Eso da a entender que el nacimiento de este niño no es un nacimiento cualquiera. Esta estrella marcaba algo sobrenatural. Este evento ha podido controlar los elementos del espacio como solamente Dios lo haría, por lo que la astronomía concluye que el niño nacido es el Hijo de Dios”.

El biólogo informó:

"A pesar de contar con una abundante red de información, la biología no encuentra explicación científica a una concepción humana tan inusual, pero tan perfecta".

"En toda nuestra inmensa base de datos no se encontraron las características biológicas correspondientes a la que hemos encontrado en este singular caso. Por un lado, el niño nacido es perfectamente humano, pero por el otro es perfectamente único, especial y sobrenatural. No se encontraron rastros químicos en la madre que indicaran que ella fuera sometida a una inseminación artificial. La contextura física del niño contiene elementos irreconocibles para la ciencia, lo que indica que en su cuerpo reside otra naturaleza".

"Si nuestras observaciones son correctas, este niño podría muy bien cargar con el peso de toda la humanidad, podrá ser capaz de atravesar paredes, caminar sobre las aguas, transfigurarse en un ser de luz y permitir que se pueda palpar la profundidad de alguna herida que se le propinara. Por lo tanto, la biología solo puede concluir que este niño tiene que ser el Hijo de Dios, pues sus características genéticas corresponden a las de un Padre fuera de este mundo".

Finalmente el médico concluyó:

“Nunca antes en la historia de la medicina habíamos encontrado un caso tan singular. De acuerdo al análisis de su sangre, se puede constatar que el tipo de la misma es único en el mundo. Definitivamente, aquel que reciba una transfusión con esta sangre podría vivir para siempre. Recibir esta sangre puede, absolutamente, lograr que una persona muerta resucite”.

“Desafortunadamente, es imposible recibir una transfusión con esa sangre mediante los métodos convencionales. Por fortuna, existe una manera especial y única de recibir los beneficios de la misma. Los llamados cristianos afirman que una nueva vida en Cristo, como también se le conoce al niño, es posible. A tales efectos, se tomó la muestra de sangre a varios de estos cristianos, los cuales evidenciaron en su torrente sanguíneo trazas de esa sangre especial".

"Por tanto, como los cristianos parecen ser los únicos que pueden dar una explicación lógica y certera sobre este particular, solo nos queda sostener la misma conclusión que solo los cristianos son capaces de afirmar debido al efecto que esta sangre ha sido capaz de producir en sus vidas: El niño nacido es el Hijo de Dios”.

Siempre hemos dicho que la ciencia y la teología no están separadas. Basta con decir que la ciencia proviene de Dios.

La Biblia nos muestra algunos ejemplos:

- La ciencia, como árbol, está plantado en el mismo huerto de Dios. (Génesis 2:9).
- El Espíritu de Dios es el que llena al ser humano en toda sabiduría, inteligencia, ciencia y arte. (Éxodo 31:3) (Daniel 1:17).
- Dios es quien da sabiduría y ciencia para gobernar los pueblos. (2 Crónicas 1:11-12).
- Los ojos de Jehová velan por la ciencia. (Proverbios 22:12).
- La sabiduría y la ciencia son características del corazón de Dios dadas a los pastores. (Jeremías 3:15).
- La sabiduría y la palabra de ciencia son dones del Espíritu Santo. (1 Corintios 12:8).

Por otro lado, la teología es una ciencia que estudia las cosas o los hechos relacionados con Dios, lo que afirma, tal vez sin que los científicos se den cuenta, la existencia y realidad de ese Dios que se experimenta por medio de la fe y del Espíritu.

La ilustración que confeccionamos nos presenta la realidad de lo que cualquier persona puede encontrar de Jesús en cualquier campo específico del quehacer humano: Dios está presente.

Por lo que, el nacimiento de Jesús en la figura de un niño es la demostración inequívoca de la presencia sobrenatural de Dios en la realidad natural de los hombres. Es decir que, por cuanto Cristo nació como un niño natural, nadie, ninguna persona puede negar la existencia real de Dios en este mundo.

Desde luego, la percepción humana y científica siempre ha sido que solamente se puede creer en la existencia de aquello que se puede demostrar. Sin embargo, esa es precisamente la gran limitación de la ciencia: Reducir el alcance de la ciencia creada por Dios a sus incapacidades y limitaciones humanas. Estoy convencido de que la ciencia alcanzaría propósitos y fronteras más amplias en la medida en la que Dios, como creador de la ciencia, tuviera más participación.

No obstante, la ciencia de Dios no es una ciencia que no sea accesible. Hay maneras en las que se puede explicar lo inexplicable de Dios. Para ello, vamos a concentrar esa posibilidad en lo que el caso del nacimiento de Jesús representa, por lo que, al igual que los tres científicos, haremos un trabajo de investigación de los datos, los efectos y los testimonios de este suceso tan trascendental para la humanidad.

Prepare sus instrumentos de estudio. He aquí el primer dato.

1. El nacimiento de Jesús provoca una alteración en el curso de la vida del hombre.

Este es un dato probado históricamente. Ningún otro nacimiento ha sido capaz de dividir las edades de la humanidad en dos periodos reconocidos. El nacimiento de Jesús marca el punto histórico de los tiempos antes y después de Cristo.

Parece mentira que la ciencia, en sus estudios prehistóricos, paleontológicos, antropológicos y otros, no se dé cuenta que están haciendo admisión total, consciente o inconsciente, de la realidad de este nacimiento al momento de documentar las fechas de sus estudios. Lo cierto es que, aunque la ciencia no lo reconozca, el nacimiento de Cristo ha provocado una alteración en el curso de la historia, el tiempo y la cronología científica y humana. Dios ha conseguido poner con este nacimiento un punto y aparte entre los dos párrafos del discurso existencial de la humanidad.

En nuestro análisis debemos anotar que el nacimiento de Cristo en nuestras vidas también ha producido una alteración en nuestro camino. Tan pronto encontramos al Niño del Pesebre y lo hicimos parte de nuestra ciencia, de nuestra química y de nuestro ser, nuestra vida cambió por completo. Nuestra vida también se marcó en los periodos antes y después de Cristo.

- Hemos pasado de muerte a vida. (Juan 5:24).
- Hemos sido librados de la ley del pecado y de la muerte. (Romanos 8:2).
- En Cristo termina la vida pasada y comienza una nueva vida. Desde entonces en adelante se implementa un cambio de planes y prioridades. Se cancelan las investigaciones pasadas y comienzan nuevos proyectos de investigación. *"Las cosas viejas pasaron; he aquí todas son hechas nuevas"*. (2 Corintios 5:17).

Ese cambio es el que nosotros podemos testificar que ha surgido en nuestra vida. Por tanto, si usted tiene un testimonio que contar a otros acerca del nacimiento de Cristo en su vida, usted tiene datos científicos comprobados de los efectos de la realidad de Dios en la vida del hombre.

Pero este estudio científico no queda aquí. Veamos el siguiente dato.

2. **El nacimiento de Jesús tiene significado y propósito.**

Este dato significativo lo extraemos de lo que llamaremos el Manual de Texto Central de las Ciencias y la Sabiduría: La Palabra de Dios.

Analicemos las siguientes referencias contenidas en esta majestuosa bitácora divina:

- *Porque un niño nos es nacido, hijo nos es dado, y el principado sobre su hombro; y se llamará su nombre Admirable, Consejero, Dios Fuerte, Padre Eterno, Príncipe de Paz. Lo dilatado de su imperio y la paz no tendrán límite, sobre el trono de David y sobre su reino, disponiéndolo y confirmándolo en juicio y en justicia desde ahora y para siempre.* (Isaías 9:6-7).
- *El Espíritu de Jehová el Señor está sobre mí, porque me ungió Jehová; me ha enviado a predicar buenas nuevas a los abatidos, a vendar a los quebrantados de corazón, a publicar libertad a los cautivos, y a los presos apertura de la cárcel; a proclamar el año de la buena voluntad de Jehová, y el día de venganza del Dios nuestro; a consolar a todos los enlutados; a ordenar que a los afligidos de Sion se les dé gloria en lugar de ceniza, óleo de gozo en lugar de luto, manto de alegría en lugar del espíritu angustiado; y serán llamados árboles de justicia, plantío de Jehová, para gloria suya.* (Isaías 61:1-3).
- *Y ahora, concebirás en tu vientre, y darás a luz un hijo, y llamarás su nombre JESÚS. Este será grande, y será llamado Hijo del Altísimo; y el Señor Dios le dará el trono de David su padre; y reinará sobre la casa de Jacob para siempre, y su reino no tendrá fin.* (Lucas 1:31-33).

Si nuestras observaciones son correctas, podemos concluir con estos pasajes que el Niño nacido cumple con los siguientes significados y propósitos: Admirable, Consejero, Dios Fuerte, Padre Eterno, Príncipe de Paz, Rey por siempre, Juez Justo, Consolador, Sanador, Libertador, Restaurador, Reconciliador.

¿Cómo se evidencian estos títulos en tu testimonio? ¿Cuál de estos títulos aplica mejor a tu relación con Cristo? ¿Cómo los registras en tu base de datos?

Pregúntate por un momento:

- ¿Ha sido Dios tu consuelo en tiempos de angustia?
- ¿Has sido testigo de su fuerza, su justicia y de lo admirable de su hermosura?
- ¿Te sientes Hijo de Dios, perdonado, restaurado y reconciliado?
- ¿Sientes en tu vida la paz que sobrepasa todo entendimiento? (Filipenses 4:7).
- ¿Es Jesús tu consolador, tu sanador, tu libertador, tu restaurador?

Si has contestado "SI" a cualquiera de estas preguntas, tú eres testigo del nacimiento de Cristo, tú eres partícipe de su propósito y su significado y tu vida es una demostración científica y humana de la realidad de Dios.

Ante tanta evidencia, solo nos quedaría establecer otro dato importante en este estudio.

3. **El nacimiento de Jesús nos llama a depositar lo mejor de nuestras vidas a sus pies.**

A propósito, debo señalar que la ilustración de nuestros tres científicos concluyó de una manera muy singular. Ante la abrumadora evidencia analizada, y la verdad innegable descubierta, estos hombres hicieron un gesto de reconocimiento particular delante del Dios que habían encontrado. Cada uno de ellos puso a los pies del Niño sus instrumentos de trabajo. El astrónomo le trajo a Jesús su telescopio, el biólogo depositó ante Él su microscopio y el médico le entregó su estetoscopio.

El nacimiento de Jesús en nuestras vidas debe provocar el mismo gesto. Los pastores vinieron al Niño y le adoraron. Los magos de oriente también ofrecieron a Jesús sus tesoros. Los ángeles del cielo anunciaban el nacimiento del Niño Rey dando gloria a Dios en las alturas. Los científicos de nuestra ilustración trajeron sus instrumentos de trabajo.

Y nosotros, ¿qué traeremos al Rey que ha nacido? ¿Con qué lo adoraremos? ¿Cuál será el tesoro que pondremos a sus pies?

La evidencia compilada y analizada no nos deja otra opción, sino reconocer a Dios encarnado en el niño que ha nacido. ¿Qué haremos nosotros? ¿De qué manera lo reconoceremos?

Entreguemos nuestras armas. Entreguemos nuestros instrumentos. Entreguemos nuestros telescopios, nuestros microscopios y nuestros estetoscopios.

- No importa lo que nuestros telescopios puedan ver a la distancia o en la inmensidad de las cosas.
- No importa lo que nuestros microscopios puedan ver en la cercanía, en lo pequeño o en lo diminuto de nuestros cristales.
- No importa lo que nuestros estetoscopios puedan percibir en nuestros sentimientos y en nuestros corazones.
- El niño que ha nacido es DIOS. Jesús es Dios. Jesús es El Señor. Jesús es Rey. Jesús es REAL.

Concluimos nuestro análisis con la siguiente cita:

"Venid, adoremos y postrémonos; Arrodillémonos delante de Jehová nuestro Hacedor".
(Salmos 95:6).

CARA DE LUNA

Lectura: Éxodo 34:27-29

Yo pienso que una de las características más importantes por las que se puede reconocer a un cristiano es porque se le nota. Su testimonio, su comportamiento, su conversación, la opinión que los demás tienen de él o ella son, entre muchos otros, elementos que lo identifican y lo distinguen. La gente nota cuando ese cristiano tiene "algo diferente".

Cuando consideramos el caso de Moisés en este pasaje podemos notar una particularidad especial. Hubo un detalle que es característico de todos aquellos a quienes se les nota que son cristianos: Moisés hablaba con Dios y permanecía en Su presencia.

La Palabra nos presenta otro caso similar, esta vez en el Nuevo Testamento. Mateo 17 nos narra el momento cuando Jesús se transfiguró ante tres de sus discípulos.

Ahora bien, note algo muy interesante en estos dos casos. En el caso de Moisés, éste no sabía que su rostro resplandecía. Por tanto, Moisés no tenía control alguno de lo que estaba sucediendo. No es hasta que se presenta al pueblo de Israel, que se entera de su resplandor.

Es entonces que toma medidas al respecto, poniendo sobre su rostro un velo (v.33 y 35).

El caso de Jesús demuestra una experiencia diferente en este sentido. Mateo 17:2 nos dice claramente que fue el mismo Jesús quien *"se transfiguró delante de ellos"*. Por tanto, Jesús controlaba, tanto la transfiguración como el resplandor de Su rostro. Como dato curioso y de conexión gloriosa, en esta transfiguración de Jesús también se presenta Moisés. (Mateo 17:3). Esto me hace pensar de manera alegórica que, en este pasaje de Éxodo 34, Jesús también estuvo presente, ¿no le parece?

Todo esto me lleva a las siguientes verdades bíblicas:

1. Jesús es la Luz de mundo. Por eso pudo controlar el evento de la transfiguración. La luz que resplandeció en ese momento era producto de Su propia gloria divina.
2. Moisés no controlaba el resplandor de su rostro porque Moisés no tenía ninguna gloria divina propia. Por tanto,...
3. Si el rostro de Moisés resplandecía, era porque el resplandor de su rostro era producto de la gloria divina de Dios.
4. Moisés reflejaba la luz de Dios porque Moisés permanecía en la presencia de Dios y hablaba con Él.

Este mismo principio podemos aplicarlo a nuestra distinción como cristianos. Si el mundo ha notado que en nosotros hay algo diferente, es porque en nosotros resplandece la luz de Dios.

Por otra parte podemos decir que, si el mundo no nota algo diferente en nosotros, es porque en nosotros no resplandece la luz de Cristo. Si ese es su caso, le recomiendo que haga lo que hizo Moisés:

- Hable con Dios.
- Permanezca en Su presencia.
- Procure que la luz de Cristo se le pegue.
- Contágiese de Dios.

Podemos notar que toda esta experiencia es el resultado de una relación lógica de causa y efecto. Mientras más usted busque de Dios, más se reflejará la luz de Dios en su vida.

Pero este caso de Moisés nos presenta también una realidad científica. Todo reflejo de luz se produce desde una fuente de luz. La fuente emite la luz.

El reflejo, por su parte, es la proyección de esa emisión de luz producida por la fuente. El mejor ejemplo de este principio científico que nos muestra la naturaleza lo tenemos con el Sol y la Luna.

La Palabra nos declara en Génesis 1:14-19 que Dios creó el Sol y la Luna para que alumbrasen sobre la Tierra. El Sol alumbraría en el día y la Luna alumbraría en la noche. Lo interesante es que la Luna no tiene luz propia. La Luna refleja sobre la Tierra la luz del Sol que se refleja en ella.

Si consideramos esta realidad científica con la realidad bíblica que identificamos anteriormente, podemos establecer unas enseñanzas prácticas que la astronomía propone para nuestra vida.

En primer lugar, debemos considerar que Cristo es Nuestro Sol. 2 Pedro 1:19 describe la Gloria de Su presencia como *"el lucero de la mañana que sale en nuestros corazones"*. Lo que quiere decir que, cuando estamos sin Cristo, estamos en oscuridad total. Andar sin Cristo es andar en tinieblas. Es necesario que el hombre y la mujer se encuentren con Cristo para que sus vidas se iluminen con la luz de Dios. De otra manera, la luz de Cristo no podrá resplandecer en ellos porque, como hemos aprendido con el caso de Moisés, es necesario estar en Su presencia y mantener una relación cercana con Él.

Siendo así, nuestro papel en la dinámica de reflejo de la luz del Sol es el de la Luna, por tanto, consideraremos esta dinámica en relación a las llamadas fases de iluminación lunar de nuestro satélite natural en nuestra relación con Dios.

Vamos a ver esta dinámica de las etapas de la Luna en términos de nuestra relación con nuestro Sol, que es Cristo.

1. Luna Nueva

A diferencia de estar en oscuridad total, la etapa de luna nueva indica que se ha comenzado una experiencia de crecimiento.

Aunque usted no lo crea, la etapa de luna nueva no es indicativa de falta de luz. Aun cuando la Luna está en su etapa de luna nueva, siempre hay un reflejo de luz sobre la Tierra. La Luna siempre está reflejando luz. Por eso es que la Tierra no queda en oscuridad total en las noches.

En ese sentido, siempre podemos reflejar la luz de Cristo, aun cuando nuestra experiencia de vida cristiana sea nueva. Siempre se produce un cambio en la vida de todo aquel que se acerca a la luz de Cristo.

Por otra parte, la Luna tiene una particularidad especial en relación con la Tierra. La Luna no gira sobre su eje. Por tanto, la Luna siempre presentará a la Tierra la misma cara. Esto tiene un efecto directo en cuanto a lo que la Luna proyecta sobre la Tierra. Si la Luna estuviera en oscuridad total, reflejaría sobre la Tierra oscuridad total. Lógico, ¿no le parece?

Al hombre que no tiene a Dios le sucede lo mismo. Refleja sobre los demás esa terrible oscuridad en la que vive. Podemos decir entonces que, cuando Cristo llega a nuestra vida, nos cambia la cara de la Luna. Entonces ya no reflejamos oscuridad. Comenzamos a reflejar luz.

¿Significa eso que la Luna no tiene un lado oscuro? Ciertamente lo tiene. Ahora bien, ¿qué relación tiene esto con nosotros?

Significa que, aunque nuestro carácter en esta etapa, (y en todas las etapas), tiene un lado oscuro, ya ese lado oscuro no es la cara que damos al mundo. Ahora damos siempre la misma cara. La cara de Luna que Dios nos ha puesto. La cara de Luna que Dios nos ha cambiado.

Esa nueva cara es aquella cara de Luna que refleja la luz del Sol. La Cara de Luna que resplandece con la Luz de Cristo.

2. Cuarto Creciente

En esta etapa comienza a ser visible el reflejo de la luz del Sol sobre la Luna. Lo mismo sucede con nosotros. A medida que avanzamos en nuestro crecimiento de vida cristiana, crece de igual manera el resplandor de la luz de Cristo en nosotros.

Es necesario reconocer que, aunque la luz del Sol sobre la Luna se refleja en todas las etapas sobre la Tierra, es ese resplandor distintivo del Cuarto Creciente lo que la gente comienza a notar. Cuando la Luna entra en su etapa de Cuarto Creciente, la gente comienza a notar la luz.

En nuestro caso, el cuarto creciente de nuestra relación con Dios comenzará a resplandecer y la gente comenzará a notar en nosotros ese "algo diferente" del que hablamos al principio. Ya se nota, ante el mundo, la luz de Cristo resplandeciendo en nosotros.

3. Luna Llena

Ya en esta etapa, la Luna refleja toda la plenitud de la luz que recibe del Sol. El resplandor es total. Y es precisamente por ser un resplandor total que nadie puede dejar de reconocer la belleza de una Luna Llena.

Nunca una luna en cuarto creciente ha sido objeto de tanta admiración ni provoca tanta inspiración. Como cristianos, esta debe ser nuestra finalidad.

Una Luna Llena es el deseo de Dios para con el hombre. El deseo de Dios es que la vida del hombre sea totalmente llena de Su luz. Una Luna Llena es indicadora de un compromiso absoluto y total con Dios.

Recordemos la relación de causa y efecto. Mientras más usted busque de Dios, más se reflejará la luz de Dios en su vida.

4. Cuarto Menguante

Esta es la etapa de la Luna que resulta ser la más peligrosa, en términos de la aplicación bíblica. Es peligrosa porque es indicativa de una decadencia. Comienza a descender el resplandor de la luz.

Note usted que, cuando la Luna está en Cuarto Creciente, la luz del Sol comienza a reflejarse por la parte más alta de la Luna. El reflejo de la luz comienza en el tope. En la etapa de Cuarto Menguante ocurre todo lo contrario. En una etapa de Cuarto Menguante lo que sucede es que la oscuridad comienza a entrar por el mismo lugar en el que, en etapa de Cuarto Creciente, había comenzado a entrar la luz. ¡Ese es el peligro para nuestra vida!! Entrar en etapa de Cuarto Menguante es igual a comenzar a alejarnos de Dios y dejar de reflejar su luz.

Si consideramos esta realidad en términos de nuestra vida cristiana, no debemos ver el Cuarto Menguante como una disminución de la fuente de luz. Recuerde que la Luna, aún en etapa de Luna Nueva, siempre alumbra. Por lo mismo, no se trata de que la gracia de Dios se va agotando. Lo que se va agotando es el reflejo de Dios en nosotros.

Todo esto nos sugiere considerar un momento de reflexión. Reflexión de la luz. Reflexión para nuestra vida. Reflexión de la luz en nuestra Cara de Luna: ¿En cuál de las etapas se encuentra tu relación con Dios? ¿Cuánto se refleja en ti el resplandor de Cristo?

Insisto, entonces, en esto. Si el mundo ha notado que en nosotros hay algo diferente, es porque en nosotros resplandece la luz de Dios. Por otra parte, podemos decir que si el mundo no nota algo diferente en nosotros, es porque en nosotros no resplandece la luz de Cristo.

Si ese es su caso, le recomiendo nuevamente que haga lo que hizo Moisés:

- Hable con Dios.
- Permanezca en Su presencia.
- Procure que la luz de Cristo se le pegue.
- Contágiese de Dios.

Usted tiene una Cara de Luna. Una cara que siempre debe reflejar el resplandor de la luz de Cristo.

¡Péguese al Sol! ¡Péguese de Cristo! Así su cara reflejará la luz más intensa. La luz de Dios que usted necesita. La luz de Dios que el mundo también necesita...

POSITIVO UNO

Lecturas: 2 Corintios 6:14, Gálatas 3:20-28, 5:9, 6:8, Isaías 40:29

Recuerdo un ejercicio que realicé con la congregación que pastoreo. Era el comienzo del nuevo año escolar, y decidí presentar el sermón de forma interactiva. (Acostumbro de vez en cuando utilizar a varias personas como voluntarios para demostrar algunos conceptos psicológicos y luego aplicarlos a la enseñanza bíblica. A esa práctica le llamo predicación interactiva). Esa mañana pretendí ser un profesor de matemáticas y comencé a explicar el concepto de los números.

Como todos sabemos los números son infinitos. Con los números se expresan valores. Pero, indiscutiblemente, para lo que mayormente utilizamos los números es para realizar operaciones matemáticas. Sin números no hay matemáticas.

Me pareció interesante, desde esta realidad, pensar que las matemáticas pudieran hablarnos de Dios. ¿Sabe qué? Las matemáticas, no sólo nos hablan del carácter de Dios, sino que tienen aplicaciones bíblicas que son prácticas para nuestra vida.

¿Quiere usted tomar esta breve clase de Matemática Bíblica 101? Aquí tenemos algunos puntos importantes:

1. **Usted no es un cero.**

Oímos en ocasiones a algunas personas referirse a otras como que son "un cero a la izquierda". Sin embargo, referirse a otros como que no tienen ningún valor es menospreciar el valor que Dios mismo nos otorga.

En primer lugar, todos tenemos el mismo valor ante la presencia de Dios. En Romanos 10:12 encontramos lo siguiente:

"Porque no hay diferencia entre judío y griego, pues el mismo que es Señor de todos, es rico para con todos lo que le invocan". (RVR60).

Por tanto, todos tenemos el mismo valor para Dios. Pero, ¿de qué valor estamos hablando? ¿Cuál es nuestro verdadero valor delante de Dios? En Gálatas 3:28, Pablo hace la misma referencia que hace en Romanos 10:12, pero al final del texto añade la contestación que estamos buscando. Gálatas 3:28 dice:

"Ya no hay judío ni griego; no hay esclavo ni libre; no hay varón ni mujer; porque todos vosotros sois ***uno*** *en Cristo Jesús".* (RVR60).

¿Cuál es, entonces, nuestro valor? **UNO**. ¡Nadie vale más de uno!

- Su voto cuenta como uno.
- Su asistencia cuenta como uno.
- En cualquier censo usted cuenta como uno.

Esto es absoluta e innegablemente lógico. Por tanto, nadie puede poner precio mayor o menor sobre su cabeza. Nadie puede decirle que usted no vale nada.

Usted tiene valor. Usted no es un cero. Usted vale uno.

2. Regla de matemática con el 1.

Ahora que usted sabe lo que vale, comenzaremos a hacer ejercicios matemáticos con usted, ¿le parece?

Sabemos que cualquier cantidad que usted sume o reste al número 1 causará una alteración. Esto hará que el resultado indique un crecimiento o una disminución. Ahora bien, estamos de acuerdo en que hay situaciones en la vida que nos añadirán o nos disminuirán las fuerzas. Pero, ¡OJO! Eso no significa que usted valga más o menos. Simplemente son sumas o restas de la vida, no de su propio valor personal. Recuerde: Usted sigue valiendo lo mismo: UNO.

La suma y la resta de Dios no añaden alteración ninguna al Uno que representamos. No importa lo que Dios sume o reste en nuestra vida, seguimos teniendo el mismo valor para Dios.

Ahora, veamos cómo funciona la matemática de Dios, y Dios en la matemática humana. Por lo que pude encontrar en la Escritura, la función matemática favorita de Dios es la multiplicación. Aunque Dios suma y resta en ocasiones, en lo que a nosotros se refiere, Dios prefiere multiplicar.

¿Qué de particular tiene la multiplicación para Dios? La multiplicación para Dios tiene la particularidad de manifestar <u>en uno</u> todo lo que Él puede ser <u>en nosotros</u>.

Mire lo que nos dice Isaías 40:29:

"El da esfuerzo al cansado, y multiplica las fuerzas al que no tiene ninguna". (RVR60).

Una de las reglas de multiplicación es que todo número que usted multiplique por 1 tendrá como resultado exactamente ese mismo número que usted utilizó. Por tanto, como somos 1, seremos el resultado de todo aquello que se multiplica en nosotros. El efecto o resultado de esta multiplicación es que nos convertiremos en aquello que ha sido multiplicado en nosotros.

¡Por eso es que Dios prefiere multiplicar en nosotros! A veces las fuerzas de Uno no son suficientes para enfrentar las sumas y las restas de la vida. Entonces Dios multiplica las fuerzas en nosotros. El resultado de esta multiplicación es, entonces, el producto de la siguiente ecuación:

Poder de Dios x 1 = Poder de Dios.

Cuando Dios quiere manifestarse en las situaciones que se suman o se restan en nuestra vida, Él se multiplica en nosotros. Es por esta razón que Pablo podía decir con toda seguridad:

"... ya no vivo yo, mas vive Cristo en mí...". (Gálatas 3:20). (RVR60).

Si el poder de Dios se multiplica en nosotros, no estaremos enfrentando lo que se sume o lo que falte en nuestra vida con nuestras propias fuerzas. Seremos nosotros, enfrentando lo que sea, con el poder de Dios.

A diferencia de la suma o la resta, la multiplicación sí afecta directamente a uno. Esto es así porque cuando Dios entra en el panorama, todo cambia.

- Sólo Dios transforma.
- Sólo Dios lo hace.
- Sólo Dios puede cambiar a UNO.

3. Reglas de multiplicación por signos.

Al principio mencionamos que los números son infinitos. Dijimos también que los números expresan valores.

Los números, no importa cómo usted los exprese, solamente tendrán tres valores posibles: Cero, mayor de cero o menor de cero. Esos valores se representan en los números por signos. De ahí que los números tengan signos positivos o negativos. En ese sentido, los que valen más de cero son números positivos, los que valen menos de cero son números negativos, y finalmente el cero no tiene signo, porque el cero no tiene ningún valor.

Destacar este punto tiene una gran importancia para nuestra matemática bíblica. Todo lo que Dios hace tiene unos fundamentos. Unas reglas. Y la multiplicación de Dios no es la excepción.

La matemática contempla unas reglas especiales para la multiplicación de números de acuerdo a sus valores.

A. Signos iguales = Positivo.

La regla de multiplicación por signos establece que multiplicar un número por otro que tenga su mismo signo dará como resultado un número con un signo positivo.

La importancia que esto tiene, en términos de nuestra vida cristiana y de nuestro valor delante de Dios, es que para nosotros es necesario "multiplicarnos" con signos iguales al nuestro. Es necesario en este punto establecer algo muy importante. ¿Sabe usted cuál es el signo de Dios?

Podemos afirmar, sin entrar en controversias, que el signo de Dios es positivo. Esto, porque el signo positivo es igual al símbolo de la cruz. Ahora bien, de acuerdo a la regla, ¿cuál cree usted que debería ser nuestro signo para que el resultado de la multiplicación sea positivo?

Para que el resultado de nuestra multiplicación sea uno positivo, lleno de bendición y poder de Dios, es necesario conservar en nosotros ese mismo carácter de Dios. Para que Dios se multiplique en nosotros es necesario tener el mismo signo que Dios tiene. Si Dios es positivo, entonces nosotros debemos ser igualmente positivos.

¿Qué sucede, entonces, cuando ambos signos son negativos? La regla dice que el resultado es positivo. Esto me recuerda un refrán que dice: "Dios los cría y ellos se juntan".

El profeta Amós lo contempla de esta manera:

"¿Andarán dos juntos si no estuviesen de acuerdo?". (Amós 3:3). (RVR60).

Hay común acuerdo entre aquellos con los mismos signos. Hacen las mismas cosas, actúan de la misma manera. Ahora bien, el que dos signos negativos produzcan un resultado positivo tiene una explicación muy particular en términos de la matemática de Dios.

Lo que esto representa es que, tanto los positivos como los negativos, tendrán un resultado garantizado y seguro. No obstante, la Biblia es clara en cuanto a ese resultado seguro para ambos. Gálatas 6:8 nos dice:

"Porque el que siembra para su carne, de la carne segará corrupción; mas al que siembra para el Espíritu, del Espíritu segará vida eterna". (RVR60).

Dios garantiza un resultado en esta multiplicación. Eso es "positivo". Por eso es necesario multiplicar en el Espíritu. Multiplicar en positivo con Dios. Sólo así cosecharemos vida eterna.

Ahora bien, ¿qué sucede cuando la multiplicación es con signos diferentes?

B. Signos diferentes = negativo.

Esta regla de multiplicación por signos me hace pensar en una exhortación muy importante de la Escritura. Pablo nos indica en 2 Corintios 6:14 lo siguiente:

"No os unáis en yugo desigual con los incrédulos; porque ¿qué compañerismo tiene la justicia con la injusticia? ¿Y qué comunión la luz con las tinieblas?". (RVR60).

Es necesario, para nuestro crecimiento en Dios, juntarnos con gente como nosotros.

No obstante, esto no quiere decir que no compartamos con los incrédulos. Es necesario que nos acerquemos a ellos para llevar el mensaje de Dios que transformará su vida y cambiará su signo. Unirse, sin embargo, es otra cosa. Es mezclarse. Es multiplicarse con ellos. Y usted no puede olvidar que usted ya tiene un signo. El signo de Dios.

Si nos unimos al incrédulo, nos estamos multiplicando con un signo diferente al nuestro. El resultado, entonces, será que los perjudicados en la ecuación seremos nosotros. El resultado que obtendremos no será el mismo signo de Dios. Tendremos un resultado desastroso. Negativo. Eso es, precisamente lo que explica esta regla.

Recuerde que *"un poco de levadura leuda toda la masa"*. (Gálatas 5:9). Cualquier cosa que nos contamine producirá en nosotros un resultado diferente al que tendríamos si procuramos multiplicarnos en Dios. No seremos multiplicados en bendición. Seremos fermentados con un germen dañino, negativo y perjudicial.

Y, ¿qué tal si somos nosotros los negativos? Debemos, entonces, cambiar de signo. Es necesario pasar por la cruz positiva de Cristo para que nuestro signo cambie. De otra forma, aún cuando Dios nos bendiga en su misericordia, estaremos produciendo frutos negativos, pues la regla de matemática no se equivoca.

La bendición de Dios perdura positivamente si en nosotros existe el mismo sentir que en Cristo. (Filipenses 2:5).

Para que la bendición no se convierta en maldición es necesario tener el signo de Dios. El signo positivo.

Por tanto, si usted es uno para Dios, no se conforme con ser solamente uno. Sea un “Positivo Uno”.

Así la multiplicación de Dios será en usted abundante, buena y positiva…

EL LIBRO, EL REGALO Y LA PROMESA

Lectura: Eclesiastés 3:15, 1:9

Este texto de Eclesiastés 3:15 ha traído mucha controversia a los teólogos y estudiosos de las Escrituras. Ciertamente, tratar de explicar que lo que ha de ser en el futuro ya ha sido en el pasado parece ser un punto de vista ilógico y contradictorio.

Siempre hemos afirmado que el pasado es el pasado y el futuro es el futuro, pero parece que el pasaje bíblico los considerara a ambos como una misma cosa. En todo caso, el problema solo se plantea en términos humanos, porque para Dios no existe el tiempo cronológico como existe para nosotros. Dios está siempre presente en un estado del tiempo siempre perfecto, lo que combinado sería un tiempo presente perfecto.

No obstante, el texto termina con una gran afirmación, que de alguna forma explica esta aparente contradicción, y que los teólogos sostienen utilizando otros pensamientos bíblicos. El texto termina diciendo: *"y Dios restaura lo que pasó"*. (RVR60).

Algunos de esos pensamientos teológicos son los siguientes:

- El que Dios restaure lo que pasó significa que nada de lo que Dios ha creado desaparece, se elimina o pierde existencia. La física explica esto como una ley en la que "la materia no desaparece, sino que se transforma".
- En ese sentido, Dios ha creado el tiempo para que, en la sección del pasado, se puedan almacenar todas aquellas cosas que hoy no son o que no están, pero que pueden ser observadas desde los recuerdos o la historia.
- Dios es el Creador del hombre y del tiempo, y tanto el hombre como el tiempo están sujetos a su Creador. Por lo mismo, Dios no está sujeto a las limitaciones humanas. El hombre tal vez no comprenda cómo Dios puede considerar al pasado y al futuro como una misma cosa, pero el caso es que Dios lo hace.
- Si Dios restaura el pasado, es porque el pasado del hombre siempre ha sido importante para Dios. En su dinámica de trato con el pueblo de Israel, Dios siempre les recordó la forma y manera en la que Él los libró de la esclavitud de Egipto.
- Dios siempre quiso que el hombre no olvidara las cosas que ocurrieron en el pasado porque el pasado le hablaría de las cosas que Dios hace y es capaz de hacer desde ahora y para siempre. Las cosas que Dios ha hecho en el pasado nos dan la confianza de creer aquellas cosas que Dios dijo que haría en el futuro.

- Si Dios considera importante el pasado del hombre, el hombre debe también considerar su pasado como importante. Dios tiene mucho que decirle al hombre desde su pasado para que le sea de provecho en su vida presente y futura.
- Este texto es otra manera de afirmar que Dios sigue siendo el mismo *"ayer, hoy y por los siglos"*. (Hebreos 13:8). La evolución y operación de la naturaleza ha sido igual para todos los hombres a través de los tiempos.
- Por esta misma razón, el plan de salvación para el hombre ha sido siempre el mismo: un Señor y Salvador para todos. *"Un solo Dios, y un solo mediador entre Dios y los hombres, Jesucristo hombre"*. (1 Timoteo 2:5).
- En ese sentido, el propósito de las Escrituras es narrar la historia de este plan de salvación, esto, desde el pasado más antiguo que se conoce: La historia de la creación.

Sin embargo, a pesar de que el punto de vista teológico es bastante amplio, todavía nos parece que el texto permanece un tanto oscuro. Necesitaríamos tratar de explicar este asunto desde otro ángulo. Otro ángulo que parezca un poco más "lógico", o con un sentido más común. Otro ángulo que no sea tan teológico. Otro ángulo con una tendencia mayor hacia el sentido práctico. Otro ángulo más tangible y menos abstracto.

Esta fue la misma dificultad que confrontaron los primeros gentiles que se convirtieron a Cristo, y el reto de los primeros evangelistas y predicadores que llevaron el mensaje del evangelio por el mundo entonces conocido.

La cultura gentil del tiempo de los apóstoles era predominantemente griega, por lo que el pensamiento filosófico era el punto de referencia ante el cual se confrontaban todas las ideas religiosas, sociales e intelectuales que se producían. Por tanto, si este nuevo "pensamiento" se podía explicar en términos filosóficos, tendría una buena posibilidad de ser aceptado por la gran mayoría de los ciudadanos. De otra manera, sería muy difícil explicarlo y entenderlo.

El Apóstol Pablo, consciente de esta realidad cultural, ató muchas de las ideas filosóficas a las verdades del Reino. Esta fue una de las razones por las que su ministerio entre los gentiles fue tan exitoso, aunque, por otro lado, también le ganó muchos detractores entre los judíos conservadores y legalistas. Para muchos de ellos, incluso para los mismos Apóstoles en un principio, la filosofía no tenía nada que ver con la teología. Siendo así, tratar de combinarlas sería un sacrilegio, una abominación, un insulto y un vil intento de contaminar la ley absoluta de Dios.

Esto, sin embargo, no era nada nuevo. Jesús también fue víctima de esta represión. Sus ideas chocaron con la interpretación de la ley por parte de los escribas y fariseos.

A propósito, ¿qué es la filosofía? La filosofía podemos definirla como la ciencia que pretende plantear de manera racional los asuntos de la vida como la existencia, el conocimiento y el pensamiento, buscando argumentos que expliquen el sentido y el propósito de aquellas cosas que conocemos y hasta de las que desconocemos. La filosofía no es otra cosa sino la manera en la que tratamos de explicar las cosas a través de los tiempos desde un punto de vista humano. ¿Acaso no es eso lo que hacemos cuando tratamos de definir o explicar a Dios? ¿Acaso no es Dios mismo quien capacita a los hombres para que podamos conocerle y entenderle?

Desde esa perspectiva, la historia y los tiempos, el pasado, el presente y el futuro no pasan inadvertidos al análisis filosófico. Según la filosofía, el pasado es aquello en la historia que nos influye, el futuro es aquello con lo que nosotros influimos en la historia y el presente es el cedazo con el que separamos y escogemos aquello de nuestro pasado con lo que influenciaremos nuestro futuro. La filosofía, entonces, es una manera en la que nosotros también podemos convertir el pasado, el presente y el futuro en una misma cosa.

Ahora bien, si usted observa detenidamente este pensamiento, notará que la filosofía no considera al pasado, al presente y al futuro como etapas en el tiempo. Para eso está la historia. La filosofía considera al pasado, al presente y al futuro como partes de una actitud ante el tiempo.

La filosofía le da al tiempo un carácter activo, vivo, cambiante, lo que permite, en primer lugar, que el pasado nunca muera. Esto permite a su vez que el presente convierta ese pasado en fuente de vida para el futuro. De esa manera, el ciclo de la vida se mantiene en un círculo donde cualquier punto específico del mismo es una proyección del pasado hacia el futuro por medio del presente.

¿Qué dice la Biblia al respecto? El capítulo 3 del libro de Eclesiastés es un llamado a tener una actitud prudente, sabia y lógica respecto a la vida. "Todo tiene su tiempo", es la consigna del Rey Salomón en este pasaje, en el cual expone una disertación filosófica sobre las experiencias de la vida, sus aciertos y decepciones, encantos y desencantos, virtudes y defectos. De hecho, en mi humilde opinión, el libro de Eclesiastés es el libro de filosofía de la Biblia.

Siendo así, no sé si realmente podemos filosofar sobre la teología o teologizar sobre la filosofía. ¿De qué realmente estamos hablando? ¿Teología filosófica, o filosofía teológica?

Lo cierto, o lo que me parece, es que en ambos casos observamos que la Biblia no se distancia de la realidad filosófica, porque la Biblia nos muestra a un Dios que siempre ha estado presente en toda la historia y en todos los asuntos de la humanidad. En adición, Dios siempre ha querido que el hombre le conozca, le reconozca y que entienda de Él todo lo que Dios quiera revelarle de sí mismo.

Pero, mejor aún, el pensamiento filosófico no puede dejar de lado a Dios y lo que dice Su Palabra, porque el mismo Dios que ha estado presente en el pasado del hombre, también nos promete estar con nosotros *"todos los días y hasta el fin del mundo"*. (Mateo 28:20).

La teolosis, o nuestra formación y crecimiento en la vida cristiana, nos obliga en cierta forma a considerar nuestro pasado, presente y futuro. Ahora bien:

- ¿Cómo nos enseña la Biblia a filosofar sobre ellos?
- ¿Acaso podemos explicar los asuntos de la vida de manera racional con la Palabra de Dios?
- ¿Cómo nos enseña la filosofía a aplicar el texto bíblico acerca de ellos?
- ¿Podemos explicar la Biblia de manera racional a la luz de los asuntos de la vida?

Parece igual, pero no es lo mismo. No obstante, existe una verdad innegable. Dios no niega la existencia del hombre y su realidad, por tanto el hombre no puede negar la realidad de que Dios existe y que siempre ha intervenido en la existencia del hombre. Dios siempre ha estado, está y estará presente en la vida y la historia de los seres humanos.

Vamos, entonces, a establecer esta interesante relación entre lo que dice la Biblia en relación al pasado, presente y futuro del hombre, lo que el hombre ha pensado acerca de su pasado, presente y futuro, y cómo ambos puntos se encuentran inevitablemente.

Desde luego, lo haremos de manera "teolósica", es decir, explicando desde la teología y la filosofía, racionalmente y sin lugar a dudas, las verdades que la Biblia ha contenido desde siempre.

1. **El pasado es un libro.**

La filosofía nos sugiere que el pasado es un libro en el cual podemos buscar referencias de lo que necesitamos saber sobre cualquier asunto de nuestra vida. El pasado está lleno de experiencias de las cuales nosotros debemos aprender, para así no volver a cometer los mismos errores en el presente, y evitar en el futuro las dolorosas consecuencias de esos errores del pasado.

Pero, en ese mismo libro, encontramos aquellas cosas que son dignas de repetirse, y que nos recuerdan la clave del éxito de personas que hicieron lo correcto, para que de la misma manera nosotros hagamos lo mismo.

Hablando de libros, la Biblia nos presenta un caso en el cual se consideraron unas memorias escritas. De acuerdo a 2 Reyes 22:1, Josías comenzó a reinar en Judá a la tierna edad de 8 años. A pesar de su juventud, dice la Biblia que el Rey Josías hizo lo recto delante de Dios.

Ahora bien, esta forma de dirigir al pueblo fue impulsada por un evento histórico. En plena reconstrucción del templo, le fue traído a Josías el Libro de la Ley que fue encontrado allí por el sumo sacerdote, y fue leído delante del rey.

Dice la Escritura que Josías rasgó sus vestidos en señal de humillación y reaccionó dándole estas órdenes al sacerdote:

"Id y preguntad a Jehová por mí, y por el pueblo, y por todo Judá, acerca de las palabras de este libro que se ha hallado; porque grande es la ira de Jehová que se ha encendido contra nosotros, por cuanto nuestros padres no escucharon las palabras de este libro, para hacer conforme a todo lo que nos fue escrito". (2 Reyes 22:13). (RVR60).

En un libro podremos encontrar instrucciones sobre cómo hacer las cosas. En el caso particular de la Biblia, encontramos ordenanzas y mandamientos para vivir la vida en obediencia al Dios que nos escribe estas instrucciones. Pero, la Biblia también nos narra la historia y las consecuencias que vivieron aquellos que fueron desobedientes a esas instrucciones y las recompensas que recibieron aquellos que fueron obedientes a su ley.

En el libro *Teolosis: Formación y Crecimiento en Dios* consideramos al pasado como una etapa de la vida en la que ya no vivimos, pero de la cual aprendimos. Aprendimos lo que debemos hacer y lo que no debemos hacer. La Biblia nos presenta al pasado como algo que debemos dejar atrás, (Filipenses 3:13), como el lugar al que no debemos regresar después de *"haber puesto la mano en el arado"*, (Lucas 9:62), y como aquellas cosas viejas que pasaron. (2 Corintios 5:17). Ahora bien, si se fija cuidadosamente, la indicación de la Biblia está dirigida más bien a no detenernos en el pasado, como si nos detuviéramos en una etapa del tiempo.

En el libro *Teolosis: Formación y Crecimiento en Dios* también indicamos que es absurdo proyectarnos a una vida futura en el Señor pensando en un pasado que ya no podemos cambiar.

Desafortunadamente, muchas personas se encuentran detenidas en su pasado pensando que pueden hacer algo para cambiarlo, cuando lo que la Biblia nos indica en términos del pasado es que debemos aprender del mismo.

Peor aún, hay todavía muchas personas que viven detenidas en ese pasado porque allí tienen muchas culpas que no han sanado o no han resuelto todavía.

En varias ocasiones he encontrado personas que manifiestan no sentirse perdonados por las cosas horribles que han hecho en su vida. Por lo general, me ha sucedido con personas, y hasta con hermanos en la fe, a quienes se les ha diagnosticado una enfermedad terminal o se encuentran en el umbral del paso a la eternidad.

Usualmente recordamos del pasado lo que no debemos recordar. No debemos recordar del pasado lo que hicimos, sino lo que Dios hizo con nosotros y por nosotros. Lo importante del pasado no es dónde estuvimos, sino de dónde Dios nos sacó. Dios ha hecho tantas cosas en nuestro pasado que realmente merecen ser recordadas. La enseñanza de esta realidad consiste en que no olvidemos el pasado y lo negativo que sucedió para no volverlo a repetir. Para no desearlo. Para nunca más volver allí. Es parte de la experiencia de aprendizaje.

Pero, por otro lado, lo bueno que hemos vivido en el pasado también es experiencia. Es gozo en El Señor. Es testimonio de la gracia y misericordia de Dios. Eso es suyo, y eso nadie se lo va a quitar.

La Biblia nos muestra cómo algunas cosas conocidas del pasado nos dan una señal en el presente:

- Sabemos por la experiencia de la higuera que, cuando su rama está tierna y brotan las hojas, el verano está cerca. (Mateo 24:32).
- Jesús también le recuerda a la multitud que ellos sabían que cuando la nube salía del poniente llovería, y que cuando el viento soplaba del sur haría calor. (Lucas 12:54-55).

La Biblia considera al pasado dentro de una actitud de aprendizaje para el ser humano, pues al igual que la filosofía expone, el pasado es un libro de enseñanzas, es una recopilación de experiencias, es una base de datos, es la historia que no debemos olvidar. Es la voz de Dios que nos dice: *"Acuérdate de tu creador..."*. (Eclesiastés 12:1).

Ahora bien, ¿hacia qué dirección deben apuntar esas cosas que debemos hacer y no debemos hacer? Deben apuntar hacia adelante, como nos dice el Apóstol Pablo en Filipenses 3:13-14. Deben apuntar hacia el futuro.

2. El futuro es una promesa.

Dijimos algo acerca del ciclo de la vida. El ciclo de la vida se mantiene en un círculo donde cualquier punto específico del mismo es una proyección del pasado hacia el futuro por medio del presente.

Lo cierto es que del futuro podemos decir muy poco, ¡porque no ha llegado aún!! Sin embargo, todo aquello que podamos decir acerca de nuestro futuro siempre tendrá la esencia de lo que es nuestro presente. Es una proyección. Es una extensión. Por tanto, si vamos a hablar del futuro, debemos considerar el presente.

3. El presente es un regalo.

Cuando consideramos el presente debemos tener "presente" que esta es la etapa en el tiempo de menor duración. Cada segundo o minuto que vivimos es espacio en el tiempo que va quedado cada vez más atrás. Como mencionamos previamente, el presente es el punto específico del tiempo en el cual pasamos del pasado al futuro. El presente es efímero. Cada minuto que pasa se convierte en pasado.

Desde luego, este es un pensamiento subjetivo, puesto que el presente puede también considerar una etapa más amplia y abarcadora.

Podemos considerar el presente como un aspecto histórico de la vida. En ese sentido, el presente puede abarcar un día, una semana, un mes y hasta el próximo año.

Siendo así, hace más sentido la intervención de Dios en la historia del hombre. Para Dios, el presente es un punto clave para la historia de los seres humanos, porque el presente no es solamente un punto específico en el tiempo, sino que, por esta misma razón, se convierte en un punto de transición. El presente es un puente. Es el momento justo en el que pasamos del pasado al futuro.

Ahora bien, note que cuando consideramos al presente como una etapa más amplia, cuando lo consideramos como un aspecto histórico de la vida, la intervención de Dios no pierde vigencia.

Dios nos da diariamente la oportunidad de establecer contacto permanentemente con Él. Dios quiere que le busquemos diariamente. Y para eso, ¡nos hace un regalo todos los días, con todos los días y en todos los días!!! ¡Qué manera de llamar nuestra atención! Dios convierte al presente en un regalo constante de Su parte de Dios, para que constantemente nos relacionemos con Él.

Para que Dios esté todos los días en nuestra vida y para que estemos con Él todos los días. El presente es un regalo constante para que nuestra vida sea un regalo constante de Dios.

Ahora bien, el presente es también una conexión. ¿Cómo Dios conecta nuestro pasado y nuestro futuro por medio del presente? Le ofrezco como respuesta estos pensamientos que he desarrollado o adquirido con el tiempo.

- El futuro no ha llegado. Es una promesa. Una promesa que nos compromete a ubicarnos desde el aquí y el ahora para recibirla.
- El presente dura exactamente el tiempo que nos toma desenvolverlo.
- El presente es el regalo de Dios para recordar en el futuro lo que Dios ha hecho por nosotros en el pasado.
- El futuro es la promesa de Dios que habrá de cumplirse, a pesar de lo que el pasado encierra y lo que el presente declara.
- El futuro encuentra su seguridad en el pasado y su posibilidad en el presente.
- Con el pasado construimos en el presente mucho de nuestro futuro.

Confiamos en Dios por lo que Él ha hecho en el pasado. Tenemos fe en lo que Dios hará en el futuro. La confianza y la fe se manifiestan en el presente.

Si creímos en Dios alguna vez en el pasado, ciertamente podemos creer en Él en el presente.

Si creemos en Dios en el presente, hemos comenzado a creer de Él un gran futuro para nosotros...

OLOR A DIOS

Lecturas: Varias

En una ocasión se llevaba a cabo una actividad en el templo para las madres y los padres de nuestra congregación. En el área de la cocina se preparaban los alimentos que compartiríamos en un almuerzo justo después del servicio. Debo admitir que los exquisitos aromas que se percibían en la nave principal del templo eran capaces de distraer al más santo.

Hay un decir que es muy común en la comunidad cristiana en Puerto Rico. Decimos que los cristianos no somos dados a la bebida, pero somos muy dados a la comida. Decimos: <u>Los cristianos no beben, ¡pero cómo comen!!!</u>

Particularmente en nuestra iglesia, cuando se organizan los ágapes después de algún culto, pedimos a los hermanos que no se vayan, para que permanezcan en el templo y compartamos los alimentos. Decir "no se vaya nadie" es considerado como "las palabras mágicas" con las que todos entendemos que al final del servicio tendremos algún agasajo.

En esta ocasión particular, el comentario en voz baja entre algunos hermanos era: "¿Cuándo dirán *las palabras mágicas*?".

¿Se ha preguntado usted alguna vez si Dios tiene algún olor particular? Si lo tuviera, ¿a qué cree usted que olería? ¿Será acaso un olor familiar?

Por definición, un olor es un estímulo sensorial que se percibe y se procesa por medio del olfato. Ahora bien, puesto que el olor es un estímulo, será necesario identificar a qué clase de estímulo se refiere.

Un olor es un estímulo de carácter químico, porque los olores son partículas químicas en el aire. Esas partículas químicas interactúan con la química de nuestro cuerpo mediante el sentido del olfato. El cuerpo, entonces, reacciona al estímulo que le produce el olor que percibe.

La ciencia relaciona la percepción y el procesamiento químico de los olores a una técnica sensorial llamada *odorografía*. La odorografía se caracteriza por la separación y el análisis de los olores en los componentes y propiedades químicas que influyen en las reacciones humanas, provocando estímulos particulares en la conducta. Se deriva de la *cromatografía*, otra técnica sensorial, dedicada a los estímulos e impulsos humanos provocados por los colores.

Esta reacción humana provocada por el estímulo químico del olor está a su vez asociada a las experiencias que el individuo haya vivido en el pasado o a los valores con los que ese individuo haya sido formado. Por tanto, un olor no solamente será un estímulo químico que provocará una reacción humana, sino que esa reacción humana estará matizada por ciertos elementos de carácter psicológico.

Por ejemplo:

- Un fuerte olor a humo puede hacer que una persona reaccione impulsivamente a correr o a buscar ayuda, porque ese olor puede estimular en sus sentidos la experiencia de un incendio.
- Un olor a perfume de mujer en un hombre puede hacerle pensar a usted que ese hombre acaba de tener algún tipo de intimidad o contacto cercano con una mujer. (O que ese hombre tiene algún problema de identidad sexual).
- Un olor a aromatizante ambiental puede parecer maravilloso para algunos, pero para otros puede evocarle el olor a un baño público o hasta a un hospital. (Sobre todo, porque la gente sabe que los aromatizantes ambientales se utilizan para enmascarar otros olores no tan agradables).
- Un olor a pescado frito en la oficina puede parecerle apetitoso si usted tiene hambre, pero ese mismo olor puede parecerle desagradable si usted ya ha almorzado.

Ya sé lo que usted puede estar pensando. ¿Qué relación tienen los olores, sus componentes químicos y nuestras reacciones a la experiencia de vida cristiana? ¿Será que la Biblia tiene algo que decir al respecto? Ya lo creo que sí.

Consideremos los siguientes puntos científicos y espirituales que se combinan estratégicamente para confeccionar, si a usted le parece, una idea más concreta acerca de olor a Dios.

1. **El olfato es el sentido más fuerte al nacer.**

Aun cuando el ser humano nace con los sentidos del tacto, la visión, el gusto, el oído y el olfato, al momento de nacer no tiene la capacidad motora desarrollada para controlarlos. Por ejemplo, puede sentir y escuchar. Es por eso que llora si siente frío o dolor. Pero el sentido del olfato le permite interpretar con mayor seguridad el mundo que lo rodea porque el estímulo químico que percibe va directamente a su corteza cerebral sin la necesidad de una interpretación elaborada o una capacidad motora desarrollada.

Es por esto que se recomienda que los bebés al nacer sean colocados en el pecho de su madre, para que el olor a mamá le brinde un estímulo inmediato de seguridad. La presencia de mamá le dice al niño que no está descubierto. Le asegura que está protegido y seguro.

Esa misma sensación es la que, de alguna manera, experimenta el salmista David cuando declara en el Salmo 91:4:

"Con sus plumas te cubrirá, y debajo de sus alas estarás seguro; escudo y adarga es su verdad". (RVR60).

La inmediata percepción de la presencia de Dios en cualquier situación de nuestra vida nos mantendrá cubiertos y seguros. La experiencia de vivir la seguridad y cobertura de Dios no dependerá de lo difícil de la circunstancia de la vida, sino que la circunstancia de la vida no será tan difícil porque la seguridad y cobertura de Dios son nuestra experiencia.

2. La percepción y procesamiento del olor es de carácter psicológico.

Como ya hemos mencionado, nuestra interpretación de los olores está relacionada y definida por la experiencia y los valores que nos han formado. En ese sentido, es muy importante que definamos nuestra relación con Dios.

Es muy cierto que el aroma de la presencia de Dios llena todo nuestro espacio, nos satisface plenamente y nos hace sentirnos seguros y cubiertos. Sin embargo, esta es una experiencia que debemos procurarla constantemente.

Dijimos que, cuando uno tiene hambre, el olor a pescado frito en la oficina le parece exquisito, pero que cuando uno está abastecido luego de almorzar, el olor a pescado en la oficina le repugna. No obstante, esa no debe ser nuestra experiencia con el olor de la presencia de Dios.

Resulta que, en ocasiones, el uso y costumbre de percibir la presencia de Dios puede hacernos pensar que ya estamos abastecidos de su olor. Que ya no es necesario procurar su cercanía. Esa actitud, además de ser una actitud peligrosa, no está respaldada por la Palabra de Dios. La exhortación bíblica está dirigida a que procuremos constantemente buscar la presencia de Dios. A que permanezcamos bajo sus alas. A que siempre insistamos en percibir el aroma de Su casa. A que el olor de Dios siempre nos estimule el apetito de buscarle.

He aquí algunos de esos "estímulos químicos" que nos inspiran las Escrituras:

- *"Una cosa he demandado a Jehová, ésta buscaré; que esté yo en la casa de Jehová todos los días de mi vida, para contemplar la hermosura de Jehová y para inquirir en su templo".* (Salmos 27:4). (RVR60).
- *"Mi alma tiene sed de Dios, del Dios vivo; ¿Cuándo vendré, y me presentaré delante de Dios?".* (Salmos 42:2). (RVR60).

- *"Dios, Dios mío eres tú; de madrugada te buscaré; mi alma tiene sed de ti, mi carne te anhela...".* (Salmos 63:1). (RVR60).
- *"Bienaventurados los que tienen hambre y sed de justicia, porque ellos serán saciados".* (Mateo 5:6). (RVR60).

La clave para que el olor de Dios siempre nos parezca agradable, exquisito y apetitoso es mantenerse siempre hambriento de Dios. Si procuramos mantenernos siempre hambrientos de la Palabra de Dios, siempre permanecerá en nosotros el deseo y el "estímulo químico" de venir a la casa de Dios para disfrutarla, comerla y saborearla. Nos parecerá que la presencia de Dios siempre tiene un olor riquísimo y delicioso.

3. **Los olores tienen la capacidad de impactarnos sorpresivamente.**

Una particularidad de los olores y los aromas es que sus efectos en nosotros son sorpresivos. Aun cuando estemos cocinando, y tengamos una idea de cuáles serán esos olores, el impacto inmediato que nos produce al percibirlos siempre nos parecerá sorprendente. El olor de Dios también nos produce lo mismo. Ciertamente no es lo mismo pensar y hasta creer firmemente que Dios está con nosotros en determinados momentos, a que podamos percibir su presencia en esas situaciones particulares de nuestra vida.

- No es lo mismo tener una idea a tener una seguridad.
- No es lo mismo imaginar su aroma a poder percibirlo.
- No es lo mismo figurarlo que poder respirarlo.

En ese sentido, podemos afirmar que generalmente Dios huele a lo que más anhelamos, pero cuando menos lo esperamos. Dios siempre tiene la capacidad de sorprendernos con sus obras maravillosas y milagrosas. El Apóstol Pablo lo manifiesta de una manera especial en 1 Corintios 2:9 cuando dice:

"Antes bien, como está escrito: Cosas que ojo no vio, ni oído oyó, ni han subido en corazón de hombre, son las que Dios ha preparado para los que le aman". (RVR60).

Ahora bien, si todo esto es maravillosamente cierto, si todo parece tener un sentido lógico y práctico extraordinario, y si todo esto parece estar confirmado científicamente, ¿cuál cree usted que pueda ser el olor de Dios?

Voy a aventurarme a contestar esa pregunta contando con el recurso de mi propia experiencia con Dios. Así me aseguro de dos cosas. En primer lugar, que la contestación a la pregunta es absolutamente cierta.

Y, en segundo lugar, de estimularlo a usted a que busque su propia definición del olor a Dios en su vida.

4. Dios huele a amor.

En Efesios 5:1-2, el Apóstol Pablo nos presenta una idea sobre esta característica del olor de Dios:

"Sed, pues, imitadores de Dios como hijos amados. Y andad en amor, como también Cristo nos amó, y se entregó a sí mismo por nosotros, ofrenda y sacrificio a Dios en ***olor fragante****".* (RVR60).

Ciertamente Cristo es la demostración más sublime y encantadora del amor de Dios. Por medio de Cristo, el Verbo de amor de Dios, podemos convertirnos en sus imitadores y, por tanto, en vidas igualmente olorosas y agradables a Dios.

Si hay algo que agrada a Dios de aquellos que le aman es que imiten a Su Hijo en amor y santidad. Por cierto, he ahí la otra característica del olor de Dios.

5. Dios huele a santidad.

En el libro de Éxodo encontramos las instrucciones de Dios a Moisés acerca de la preparación del aceite de la unción y el incienso para el tabernáculo de reunión.

Así leemos en Éxodo 30:31-33:

"Y hablarás a los hijos de Israel, diciendo: Este será mi aceite de la santa unción por vuestras generaciones. Sobre carne de hombre no será derramado, ni haréis otro semejante, conforme a su composición; santo es, y por santo lo tendréis vosotros. Cualquiera que compusiere ungüento semejante, y que pusiere de él sobre extraño, será cortado de entre su pueblo". (RVR60).

Sobre el incienso, leemos algo parecido en Éxodo 30:37-38:

"Como este incienso que harás, no os haréis otro según su composición; te será cosa sagrada para Jehová. Cualquiera que hiciere otro como este para olerlo, será cortado de entre su pueblo". (RVR60).

Lo particular del aceite y del incienso era que, aunque debía ser considerado sagrado por todos, y a nadie le era permitido reproducir un aceite o un incienso similar, tanto el aceite como el incienso eran utilizados para la consagración de los utensilios y los sacerdotes, y el incienso se colocaba delante del testimonio en el tabernáculo porque Dios se mostraría allí. (Éxodo 30:36).

El aceite y el incienso eran santos, y nadie debía considerarlos ligeramente.

Ahora bien, todo lo que era tocado con ese aceite, y todo el espacio que se aromatizaba con ese incienso, se impregnaba de la santidad de Jehová. Por tanto, todo lo que quedaba impregnado de la santidad de Jehová quedaba santificado y separado para Su servicio.

De igual manera, cuando somos justificados por el sacrificio de Cristo al recibirlo como nuestro Salvador, somos separados como propiedad suya. Y, definitivamente, esa justificación y santificación no debemos considerarla livianamente ni de cualquier manera.

El cuidado que debemos tener de la santidad de Dios en nuestras vidas debe ser similar al cuidado que tenemos cuando queremos mantener nuestras ropas limpias y sin manchas para una ocasión especial. Y, ciertamente, ese mismo cuidado es el que nos sugiere la visión del Apóstol Juan en el Apocalipsis cuando destaca la importancia de mantener limpias nuestras vestiduras:

"Acuérdate, pues, de lo que has recibido y oído; y guárdalo, y arrepiéntete. Pues si no velas, vendré sobre ti como ladrón, y no sabrás a qué hora vendré sobre ti. Pero tienes unas pocas personas en Sardis que no han manchado sus vestiduras; y andarán conmigo en vestiduras blancas, porque son dignas. El que venciere será vestido de vestiduras blancas; y no borraré su nombre del

libro de la vida, y confesaré su nombre delante de mi Padre, y delante de sus ángeles". (Apocalipsis 3:3-5). (RVR60).

El amor y la santidad de Dios son características propias de su presencia. Por una parte, el amor de Dios nos sorprende, transforma nuestra psicología, nos estimula a seguir buscando constantemente su presencia y su Palabra, e influye en nosotros para que seamos imitadores de Cristo. La santidad de Dios, por otra parte, produce esa reacción química en nosotros que nos estimula a comportarnos dignamente delante del Dios que nos ama y nos santifica. La santidad de Dios nos estimula a ser santos.

Pero el olor de Dios también incluye otra importante característica.

6. **Dios huele a vida.**

En una ocasión una pareja esperaba ansiosa el nacimiento de su segundo hijo. Ya tenían un varoncito, y en esta ocasión los estudios habían demostrado que lo que la mujer tenía en su vientre era una niña.

Desafortunadamente, la esposa estaba teniendo problemas en su embarazo, al punto de que tuvo que ser practicársele una cesárea para sacar a la criatura con tan sólo 28 semanas de gestación.

El pronóstico era pesimista y altamente reservado. Los doctores no aseguraban la vida de la niña. Para colmo, la niña no pudo ser recibida por su madre al nacer, pues su estado era muy crítico y su madre estaba muy delicada y nerviosa.

A pesar de lo complicado del cuadro clínico, la niña logró sobrevivir, no sin antes permanecer en incubadora por más de tres meses.

Cinco años después, la familia se encontraba en una actividad deportiva del hijo mayor. La niña disfrutaba de la ocasión, viendo las ejecutorias de su hermano mientras estaba sentada en la falda de su madre. Fue entonces que la niña se detuvo por un momento para decirle a su madre:

"Mamá, ¿sientes ese olor?".

"No, hija, ¿de qué olor hablas?". – respondió la madre.

"Ese olor." - le dijo la niña, al tiempo que cerraba los ojos y aspiraba profundamente. – "Ese olor es magnífico. ¿Lo sientes?".

"Hija, no entiendo. ¿Qué cosas dices?". – dijo la madre, un tanto preocupada.

"¡Huele a Dios, mamá! ¡Huele a Dios! ¡Está aquí!". – le dijo la niña con evidente alegría.

En ese momento, la madre recordó cuando su pequeña hija, con apenas 28 semanas de gestación, fue colocada en la incubadora de aquel hospital. Ella no pudo tenerla en su pecho para permitir que su olor de madre le brindara un poco de seguridad, por lo que ella siempre pensó que su pequeña bebita tuvo que batallar solita por su vida.

Fue entonces que aquellas dudas del pasado encontraron sus respuestas. Su hija no batalló sola por su vida. En los momentos en los que ella no pudo tenerla cerca, Dios ocupó su lugar. Mientras la niña permaneció en la incubadora, Dios la tuvo sobre su pecho, permitiendo que la niña aspirara su olor y sintiera seguridad y paz.

Así es Dios. Él lo impregna todo con su perfume. Sabemos cuándo una obra en particular la ha hecho Dios porque su olor lo delata. Nuestro sentido lo percibe. Esa sensación inequívoca de seguridad y cobertura que sentimos en todo momento, aun aquellos que son difíciles, es la presencia viva de un Dios vivo y poderoso. ¡Aleluya!

Finalmente, podemos decir que el olor a Dios contempla varias connotaciones importantes para nuestra vida cristiana:

- Debemos oler a Dios. El olor a Dios en nuestras vidas es el testimonio al mundo de su presencia en nosotros.
- Somos olor a Dios – en santidad y amor ante Dios y en santidad y amor ante los demás. Somos ofrenda de olor fragante a Dios cuando somos imitadores de Su Hijo.
- Nuestro olor a Dios es la esperanza de vida para aquellos que piensan que sus oportunidades han terminado.

El olor a Dios en nosotros es la evidencia sin lugar a dudas de que lo que Dios ha hecho con nosotros lo puede hacer con todo aquel que se acerque a Dios para que Él lo cubra y lo abrace contra su pecho. Ahora bien, ese es precisamente el requisito. Hay que acercarse a Dios para poder conocer su olor.

Hoy posiblemente te sientas agobiado, triste y angustiado. Posiblemente piensas que tus esperanzas están perdidas. Tal vez la única posibilidad que existe para la solución de tu problema está en una incubadora.

Pero te tengo buenas noticias.

- Dios te espera para que te recuestes en su pecho.
- Dios te espera para que aspires y sientas su presencia.

- Hoy puedes aspirar el olor de Dios para sentirte seguro y protegido. Todo lo que necesitas es acercarte a Dios y sentir su presencia.

Hoy puedes sentir su amor, su santidad y su vida.

Hoy huele a Dios. ¿Lo sientes?

LAS PIEDRAS DE LA CORONA

Lecturas: Varias

En una ocasión mi hija menor Ana Cristina, quien entonces contaba con 10 años de edad y cursaba el cuarto grado de escuela elemental, realizaba una tarea de su clase de ciencias. La tarea consistía en buscar unas definiciones en su libro de texto y contestar unas preguntas relacionadas a la lectura del capítulo que hablaba específicamente de los minerales y las rocas.

En un momento determinado, ella me pidió que la ayudara con la tarea. Fue entonces que encontré en su libro de ciencias una ilustración de lo que se conoce como la Escala de Mohs. Esta es una tabla científica propuesta por el geólogo alemán Friedrich Mohs en 1825.

La Escala de Mohs establece una relación de la dureza de los 10 minerales naturales más reconocidos y característicos del planeta, a partir de los cuales se determina la dureza relativa de los otros minerales existentes. Esta escala es de gran utilidad para el análisis de la composición mineral de las rocas y sus propiedades, en adición a una gran cantidad de estudios geológicos e investigaciones arqueológicas.

A continuación les muestro una ilustración personalizada de esta escala, de menor a mayor grado de dureza:

Dureza	Mineral	Piedra	Comentario
1	Talco	Silicatos	Se raya fácilmente con la uña.
2	Yeso		Se raya con la uña, pero con mayor dificultad.
3	Calcita	Calcio, Granito	Se puede rayar con una moneda.
4	Fluorita	Ónix, Cerámica	Se puede rayar con un cuchillo.
5	Apatita	Esmalte dientes	Se raya con un cuchillo, pero con mayor dificultad.
6	Ortoclasa	Ópalo, Zirconia, Feldespato	Se puede rayar con una lija de acero.
7	Cuarzo	Amatista, Perla, Jaspe, Turmalina	Raya el vidrio.
8	Topacio	Esmeralda, Turquesa	Raya todos los anteriores.
9	Corindón	Rubí, Zafiro	Se rayan con herramientas especiales.
10	Diamante	Diamante	Solo se puede rayar con otro diamante.

La ilustración de esta escala científica llamó mucho mi atención, por lo que le comenté a Anita que sería interesante desarrollar alguna reflexión bíblica relacionada con la misma.

Ella me contestó:

- "Papi, ¿por qué no preparas una predicación de esto? Yo sé que tú puedes...

Debo admitir que sus palabras me propusieron un reto a cumplir, pero más que nada, me permití tomar su inocente solicitud como un pedido de parte de Dios. Con esto en mente, decidí buscar información acerca de la Escala de Dureza de Mohs y relacionarla a las enseñanzas de las Escrituras y a la teolosis, o la experiencia de vida cristiana.

A continuación les comparto lo que descubrí.

1. **Todos formamos parte de las joyas de la corona de Cristo.**

La relación que pretendemos establecer tiene que ver con la gran variedad de piedras preciosas, semipreciosas y otros tipos de rocas que la Escala de Mohs clasifica, y cómo también esta clasificación guarda estrecha relación con las diferentes características que tenemos todos aquellos que compartimos la experiencia de la vida cristiana.

Al igual que ocurre con las rocas, los minerales y las piedras preciosas, tenemos que reconocer que existe también una extraordinaria variedad de tipos de cristianos. Desde luego, no hacemos este señalamiento de manera despectiva, ni como un reproche o menosprecio a los que el Apóstol Pablo describe en varias de sus cartas como "los débiles en la fe".

No obstante, la realidad implícita en estas palabras es que, en efecto, entre los que perseveramos en la fe, hay unos más débiles que otros. Es por esa realidad que el mismo Apóstol Pablo nos exhorta a que los recibamos entre nosotros, (Romanos 14:1), a que soportemos sus flaquezas, (Romanos 15:1), y a que los sostengamos y seamos pacientes con ellos. (1 Tesalonicenses 5:14).

Ahora bien, esto no implica que para Dios haya alguna diferencia en ese sentido. Dios no hace acepción de personas. (Deuteronomio 10:17, Hechos 10:34). Desde esa perspectiva, si Dios no hace distinción de personas, nosotros tampoco debemos tener esa acepción con nadie. La parábola de los talentos, referida por Jesús en Mateo 25:14-30 nos demuestra que Dios comparte su gozo con los de cinco talentos igual que con los de dos talentos. Para Dios, todos somos ganancia para el Reino de los Cielos. Dios no habrá de evaluarnos en la escala de la vida eterna por nuestra debilidad, sino por nuestra fidelidad.

En ese sentido, todos aquellos que alcancemos la eternidad con Jesús recibiremos la misma recompensa. El mismo galardón. En la obra redentora de Jesucristo, todos los que venciéremos pasaremos a ser parte de las piedras de su corona. Él nos adquirió. Él nos ganó. Somos suyos. Seremos en el cielo la gran exhibición de su obra redentora.

La diferencia en la dureza de nuestra composición como piedras de la corona realmente tiene su función práctica aquí en la Tierra. Esa es la intención en la comparación de la escala de dureza con la experiencia de vida cristiana. Esa fue, precisamente, la inquietud y la inspiración al momento de ayudar a mi hija con su tarea de ciencias.

Siendo entonces que esa diferencia está contemplada dentro de un propósito práctico como iglesia aquí en la Tierra, analicemos el propósito divino en esas diferencias. Sugerimos, entonces, que hay...

2. **Diferente dureza para diferente propósito.**

Al estudiar la composición de cada mineral o roca en la escala, inmediatamente podemos identificar que cada uno de ellos tiene una función y una utilidad particular.

- El talco, por ejemplo, que es el mineral de menor dureza posible, se utiliza como aditivo en la preparación del papel, la cartulina, la cerámica y la pintura, así como para el cuidado de la piel y la fabricación de polvos y cosméticos.

- El yeso se utiliza como fertilizante y como restaurador de terrenos contaminados, en la elaboración del cemento y otros productos de albañilería y construcción, y, desde luego, para la preparación de unidades inmovilizantes en el tratamiento ortopédico de fracturas y otras lesiones físicas.

- La calcita de utiliza en la fabricación de cristales, lentes y el vidrio, para la fundición del acero, y en forma de placas para topes y pisos.

- La fluorita sirve como fuente de flúor, y se utiliza para el tratamiento del agua potable. Tiene propiedades fluorescentes y se somete a altas temperaturas para la fundición y purificación del hierro y el acero.

- La apatita es el principal mineral del esmalte de los dientes. Es resistente a los ácidos. Por la gran cantidad de fosfatos que posee, se utiliza también como fertilizante y como suplemento mineral en productos de consumo humano.

- La ortoclasa se considera como la primera línea de piedras semipreciosas, entre las que se encuentran el ópalo, la zirconita y el feldespato. También se utiliza para la elaboración de pisos y topes de cerámica y granito.

- El cuarzo es uno de los minerales que más abundan en la Tierra. La amatista, la perla, el jaspe y la turmalina figuran entre las gemas que están compuestas de este mineral.

También se utiliza en la polarización eléctrica y en la elaboración de encendedores y herramientas para cortar vidrio y cristal.

- El topacio y el corindón son considerados como piedras preciosas. Se utiliza en la elaboración de joyas. Sus más reconocidas formas son la esmeralda, la turquesa, el rubí y el zafiro.

- El diamante es el mineral natural más duro del planeta, y la más codiciada piedra preciosa. Raya todos los minerales existentes. Se utiliza en la confección de exquisitas joyas. Cuando ya no tiene valor artesanal, por diversas razones, sus usos a nivel industrial son múltiples. Sirve para corte, perforación, lijado y pulido de superficies, en la preparación de contenedores de experimentos para laboratorio, instrumentos quirúrgicos y fabricación de microchips.

Ahora bien, ¿qué pudiera sugerir esta variedad de funciones de los minerales y su escala de dureza en términos de nuestra aplicación a la vida cristiana? Sucede que también la iglesia presenta las mismas características funcionales en su composición.

El Apóstol Pablo lo presenta utilizando otro tipo de ilustración: La figura de un cuerpo, con diferentes miembros y con sus diferentes características y funciones.

En Romanos 12:4-5 nos dice:

"Porque de la manera que en un cuerpo tenemos muchos miembros, pero no todos los miembros tienen la misma función, así nosotros, siendo muchos, somos un cuerpo en Cristo, y todos miembros los unos de los otros". (RVR60).

Es por eso que para Dios todos somos útiles. Nuestra utilidad en el Reino está contemplada desde las capacidades y funciones de los miembros del cuerpo. Desde las características y propiedades especiales de las Piedras de la Corona. No todos tenemos la misma función. Pablo añade en 1 Corintios 12:4-6 que hay diversidad de dones, ministerios y operaciones, pero que el Señor y el Espíritu son los mismos.

Dios sigue teniendo un mismo propósito, pero la variedad y diversidad de nuestros talentos, capacidades y características son la razón de ser de esa variedad de dones, ministerios y operaciones. Tomando en cuenta esta diversidad, Dios establece utilidades específicas para cada uno de los miembros del cuerpo de Cristo. Para cada una de las Piedras de la Corona. De esa manera, todos podemos responder al llamado de Dios a servir en su obra, y todos tenemos talentos, capacidades y características únicas que son igualmente valiosas para el Reino.

Vemos cómo la diferencia en la dureza de los minerales ofrece diversidad de propósitos para el hombre, así como la diversidad de talentos en la iglesia de Dios atiende la diversidad de propósitos que tiene el Dios de la iglesia con los suyos. Desde luego, en Dios, estas diferencias realmente no nos separan. Más bien nos unen. Nos hacen interdependientes los unos de los otros. Nos ayudan en la conformación del cuerpo.

Ahora bien, ¿tendrá esta distinción algún propósito en nuestro trato y relación con los demás? Ya lo creo que sí. En esa dirección apunta nuestra próxima enseñanza.

3. El otro lado de la moneda.

Si la diferencia de dureza responde a los diferentes y diversos propósitos de Dios para con nosotros, y si de alguna manera esto determina nuestra relación con Dios, también podemos establecer que dichos propósitos consideran y condicionan nuestra interacción con los demás. Con esto en mente, observemos cuidadosamente una vez más la Escala de Dureza de Mohs.

La Escala de Mohs establece que a mayor valor asignado, mayor es el nivel de dureza del mineral o la piedra.

Ahora bien, la razón principal por la que este geólogo alemán propuso esta escala de dureza era para demostrar su teoría de que un elemento más duro puede rayar a otro elemento más blando, pero que no ocurre lo contrario. Esto, en términos de la aplicación práctica que tiene para la iglesia, presenta unas implicaciones muy interesantes.

En la enseñanza anterior establecimos que, aunque seamos diferentes en composición y función, para Dios todos somos iguales y útiles. Ahora, en esta enseñanza, la afirmación toma un giro a la inversa, sin dejar de ser una verdad práctica. Esta enseñanza afirma que, aunque todos somos iguales y útiles para Dios, todos somos diferentes en composición y función. Y, desde luego, esto también es parte del propósito de Dios.

En ese sentido, la Palabra de Dios también nos presenta una referencia muy singular. El Apóstol Pablo aporta una vez más a nuestro análisis "teolósico", esta vez desde el otro "lado de la moneda".

En Efesios 4:3-6, Pablo menciona un *"vínculo de la paz"*, en el cual todos estamos unidos en *"un cuerpo, un Espíritu, un Señor, una fe y un bautismo"*, esto por *"un Dios y padre de todos, el cual es sobre todos, y por todos y en todos"*.

No obstante, a renglón seguido, en Efesios 4:7, indica con un "Pero" que *"a cada uno de nosotros fue dada la gracia conforme a la medida del don de Cristo"*. (RVR60). Es decir, que aunque somos uno en Dios, somos diferentes, pero que esta diferencia a su vez está contemplada en términos del propósito de Dios con cada uno.

Esta contemplación queda sellada con las palabras del apóstol en Efesios 4:11-12, cuando dice que Dios:

"constituyó a unos, apóstoles; a otros, profetas; a otros, evangelistas; a otros, pastores y maestros", pero que el fin de todo es *"perfeccionar a los santos para la obra del ministerio, para la edificación del cuerpo de Cristo, hasta que todos lleguemos a la unidad de la fe y del conocimiento del Hijo de Dios, a un varón perfecto, a la medida de la estatura de la plenitud de Cristo"*. (RVR60).

Todos somos iguales para Dios en cuanto a nuestro valor personal, pero todos somos diferentes en cuanto a nuestra composición y función, diferencia que Dios utiliza para conformar todo un cuerpo, con partes diferentes, pero *"bien concertado y unido entre sí por todas las coyunturas que se ayudan mutuamente, según la actividad propia de cada miembro"*. (Efesios 4:16). (RVR60).

Reconocer esta realidad, a mi entender:

- Previene muchas frustraciones a la hora de organizar el trabajo de la iglesia.
- Evita que unos a otros nos entorpezcamos.
- Ayuda a determinar cuán idóneos somos o podemos ser para la obra del evangelio.
- Abre una gama amplia de oportunidades y ministerios para todos, de modo que todos podamos trabajar de acuerdo a la capacidad de nuestros talentos, de modo que no haya excusa para estar ociosos en la Viña del Señor.

Por otro lado, nadie debe rechazar, o sentirse rechazado por la diferencia en su composición mineral como Piedras de la Corona. Todas son de incalculable valor para Dios, aunque por razón de nuestra labor y capacidad seamos distintos. De igual forma, aunque todos seamos distintos, por nuestra labor y capacidad somos de incalculable valor para Dios. Pareciera que digo lo mismo, pero créame, no es lo mismo ni se escribe igual.

Disfrutemos nuestras diferencias. En Dios, las diferencias no nos hacen diferentes. Nos hacen excepcionales. Como cuerpo de Cristo, esas diferencias nos hacen versátiles, pues no necesitaríamos hacer todo el trabajo. Nuestro cuerpo en Cristo, con su diversidad de talentos y funciones, cumple con la misión de Dios, y en ese sentido, el éxito funcional de una parte del cuerpo es el éxito de todos sus miembros.

Al final, todas esas diferencias nos unen. Representamos la extraordinaria variedad de piedras preciosas en la Corona Real del Reino de los Cielos.

Debo concluir diciendo que Anita, mi hija, realizó de forma excelente su tarea de ciencias.

Espero que, así como ella, yo haya cumplido con la mía...

EL SUEÑO DE LOS CIEGOS

Lectura: 2 Corintios 4:17-18; 5:7

Pedro es un muchacho de nuestra iglesia con una calidad humana extraordinaria. Sobre todo, es un joven que le gusta preguntar y aprender. Era un martes en la noche, y Pedro se disponía a dirigir su primer culto de oración. Recuerdo que durante la semana anterior hice el anuncio en varias ocasiones de que tendríamos un "estreno".

En un momento dado del servicio, Pedro lanzó una pregunta al auditorio. La pregunta fue la siguiente: "¿Qué sueñan los ciegos de nacimiento?".

Los presentes quedaron sorprendidos ante la ingeniosa pregunta. Como era de esperarse, las miradas de los hermanos se dirigieron a Pedro con sorpresa, pero casi de manera automática, sus miradas se dirigieron a mí, de manera inquisidora. Parecía que me dijeran, "Si alguien puede contestar esa pregunta es usted, pastor. Dígale algo, que nosotros también estamos esperando esa respuesta".

La pregunta, lejos de ser una pregunta atrevida hecha por un jovencito valiente, es una pregunta que debe llevarnos a un estudio mucho más profundo de las Escrituras, porque indudablemente la Biblia tiene una respuesta a esta pregunta.

Pedro, (o como te llames), voy a tratar de contestar a la pregunta, pero a la misma vez, quiero que consideremos las posibles enseñanzas que podemos obtener de parte de Dios para nuestras vidas por medio de lo que Su Palabra pueda decirnos al respecto.

En primer lugar, debemos entender que la vista es uno de los cinco sentidos del ser humano y de la inmensa mayoría de los seres vivos. Es por medio de la vista que podemos identificar y apreciar las imágenes de las cosas que nos rodean. En otras palabras, la vista es la que permite que podamos ver las cosas. Pero no tan solo eso, sino que la vista nos permite a nosotros distinguir las cosas de entre ellas mismas. La vista nos permite ver al caballo, pero también nos permite distinguirlo del perro. Usted me preguntará: Y eso, ¿en qué pudiera traer una enseñanza de la Escritura?

Ciertamente nosotros, los seres humanos, estamos muy acostumbrados a la visión, y la reconocemos como algo muy necesario para tener una vida plena. Si podemos ver, podemos distinguir, podemos disfrutar la creación, podemos recrearnos en lo que nos rodea. Dependemos de la vista para todo esto. Sin embargo, la Palabra hoy nos hace un llamado a que no miremos las cosas que se ven, sino que miremos las cosas que no se ven.

El llamado de la Escritura va dirigido a que miremos las cosas espirituales y no a las cosas materiales. La visión de la Escritura nos dirige hacia un mejor propósito, hacia una razón de ser mucho más significativa, hacia un estado mucho más elevado. La razón de ello la encontramos en 2 Corintios 4:18, donde nos dice que *"las cosas que se ven son temporales, pero las que no se ven son eternas".* (RVR60).

En el propósito de Dios siempre ha existido el deseo de que no nos fijemos en lo que perece, sino a que pongamos nuestra mirada en las cosas que permanecen. El llamado, entonces, sugiere la necesidad de una visión espiritual.

La importancia de esta verdad radica en que, en el plano espiritual, no podemos depender de lo que vemos con nuestros ojos carnales, sino de lo que podemos ver con los ojos del Espíritu. Dios no quiere que veamos las cosas a nuestra manera. Dios quiere que veamos las cosas a SU manera. Esto quiere decir además que la verdadera satisfacción para nuestra vida no se determina por lo que veamos con nuestra limitada visión carnal, sino de lo que realmente significa para nuestra vida lo que veamos con los ojos del Espíritu.

Desde luego, eso no significa que no podamos ver con nuestros ojos carnales la maravilla de Dios.

Dios está constantemente demostrando ante nuestros propios ojos Su grandeza. Los cielos constantemente cuentan su gloria. (Salmo 19:1).

Lo que sucede es que la verdadera grandeza de lo que Dios hace no es posible apreciarla justamente con nuestros ojos carnales. Es necesario ver más allá de lo que se ve a simple vista. Es necesario dejar de ver lo temporero. Es necesario mirar hacia lo eterno. Lo que realmente cuenta. Es necesario mirar lo que Dios quiere que miremos.

Nuestra verdadera visión como cristianos no se limita a lo que el sentido de la vista nos permite ver. Podemos ser ciegos del sentido carnal de la visión, pero igualmente podemos ver, apreciar y disfrutar la grandeza de Dios porque nuestra verdadera vista no es carnal, sino espiritual.

Ahora bien, lo que hemos mencionado hasta ahora lo podemos utilizar como una simple introducción. Digo esto porque, siendo honesto, (y por si usted no se ha dado cuenta), todavía no he contestado la pregunta de Pedro.

Pedro preguntó acerca de qué sueñan los ciegos de nacimiento. Por tanto, siendo que vamos a hablar de sueños, vamos a definir primeramente este término.

El sueño es un estado de descanso, induciendo a la persona a adquirir ese descanso por medio del acto de dormir. Sin embargo, pienso que ese acto de dormir lo puede realizar todo el mundo. No es necesario tener vista para dormir. (Aunque hay personas que alegan no dormir, sino que dicen que se están mirando por dentro. Perdón, reconozco que es un decir muy tonto).

Pienso que el sueño al que Pedro se refiere en su pregunta es a lo que correctamente se define como *ensueños,* que no es otra cosa que la representación de imágenes sensoriales de manera involuntaria en la mente durante el proceso del sueño.

Los ciegos de nacimiento testifican que, aunque no pueden representar imágenes visuales en sus sueños, pueden representar imágenes sensoriales de los otros sentidos que poseen. Es decir, no pueden ver, pero pueden experimentar olores, sabores, texturas y ruidos conocidos. Pueden soñar con un perro porque lo oyen ladrar en sus sueños, aunque su inconsciente no puede darle una imagen visual porque nunca ha tenido tal experiencia.

Ahora bien, ¿querrá El Señor decirnos algo en este análisis?

Yo creo que sí.

Para aquel que nunca ha experimentado en su vida el poder y la grandeza de Dios no le será nunca posible representar la imagen de un Dios que realmente es grande y poderoso. Sin embargo, pienso que en nuestra realidad como cristianos la enseñanza puede ser otra.

Como ya hemos mencionado, no es posible experimentar la grandeza de Dios en nuestra vida si insistimos en no desarrollar nuestro sentido de la vista espiritual. Sin vista espiritual no podremos experimentar la imagen de Dios en nosotros. Sin vista espiritual no es posible tener, y mucho menos soñar, con la verdadera imagen de Dios en nuestra vida.

¿Significa eso que si tengo vista espiritual podré ver a Dios y todo lo que Él hace por mí en todo tiempo? Yo diría que eso es totalmente posible, pero en nuestra vida cotidiana muchas veces no experimentamos esta realidad. ¿Por qué? Seamos sinceros.

- Hay momentos en nuestra vida en que los problemas parecen "cegarnos" a la realidad de que Dios es Todopoderoso.
- Hay momentos en que la imagen que tenemos de repente en frente de nosotros es la de un gigante que quiere destruirnos.

- Y son muchas veces esos problemas los que nos hacen pensar que Dios no está ahí, simplemente porque no lo vemos.

Ahora bien, la realidad práctica de un ciego es otra. Un ciego no necesita ver que las cosas de las que precisa están ahí. Por experiencia sabe que están ahí. Para ello, el ciego acomoda las cosas de manera precisa y exacta, en un lugar específico, sobre todo porque de esa manera se asegura de tener lo que necesita de manera accesible. El ciego, entonces, confía en que lo que necesita estará justamente donde sabe que está. No necesita verlo. Sabe que está ahí.

Esa misma experiencia es la que la Palabra desea que tengamos. Una relación de confianza. Una experiencia de fe. En nuestra vida cristiana no debe ser necesario ver a Dios, sino saber que Dios siempre está a nuestro alcance. Debemos tener la seguridad de que Dios está ahí, aunque no lo veamos. Podemos depender de Su presencia, aunque no tengamos una imagen visible.

Siempre recuerdo las palabras de mi esposa Carmencita en una declaración que ha demostrado ser muy cierta en nuestras vidas. Ella dice que no tenemos nada que temer, a menos que olvidemos la forma en que Dios nos ha librado en el pasado. Entonces, si por algo el ciego puede moverse sin ver es porque se mueve por su experiencia.

El ciego puede caminar porque su experiencia no olvida, y porque no olvida su experiencia. Sabe dónde están las cosas porque ya es una experiencia que ha vivido.

Muchas veces nos sorprendemos de testimonios y hasta de reportajes de televisión donde vemos a personas ciegas desenvolviéndose de manera muy normal en la vida. Tienen limitaciones, pero a pesar de ellas logran desenvolverse libremente. ¿Acaso no tenemos nosotros nuestras propias limitaciones? Sin embargo, el deseo de Dios es que nosotros también podamos tener una vida de éxito y victoria espiritual a pesar de nuestras limitaciones.

No es prudente ignorar nuestras limitaciones. El ciego sabe que no puede conducir un auto, pero el ciego procura contar con alguien que lo lleve a todo lugar. Y ese Alguien que nos ayuda a superar nuestras limitaciones en todas las áreas de nuestra vida se llama Jesucristo. Él hará por nosotros todo aquello que nosotros no podamos hacer. Dios siempre puede, y lo mejor de todo es que Dios siempre está.

Le garantizo algo. En el momento de la prueba o de la tribulación tal vez usted no vea a Dios, o al menos no lo verá como sus ojos carnales quisieran verlo.

Pero si su seguridad y su confianza están puestas en el Dios que ha estado con usted siempre, llegará el momento en que sí lo verá. El deseo de Dios es que finalmente usted pueda apreciar con sus ojos el milagro de Dios en su vida. Dios se hará palpable por todo lo que hará.

En ese sentido, el análisis de esta pregunta de Pedro nos permite identificar dos importantes indicaciones. En primer lugar, es necesario ver a Dios primeramente con la visión espiritual. Es necesario que primero veamos lo que no se ve. Es necesario que primero veamos a Dios con los ojos de la fe. Es necesario, como dice Hebreos 11:27, sostenernos *"viendo al Invisible"*.

Entonces, luego de ver a Dios de esa manera, la segunda indicación tiene que ver directamente con lo que hacen los ciegos. Debemos procurar, como hacen los ciegos, colocar a Dios en un lugar accesible en nuestra vida. Si nosotros hemos colocado a Dios en el lugar de preeminencia que merece en nuestra vida estaremos confiados de que, a pesar de que no lo veamos, sabemos que Él está presente para asistirnos en cualquier circunstancia de nuestra vida.

Tenga claro que no se trata de tener una fe ciega. Recuerde que el ciego no tiene una imagen visual de las cosas. La Escritura nos declara una verdad mucho más poderosa.

La verdadera fe no es ciega, porque en Dios nuestra fe puede ver. Nuestra fe ve posible lo que para otros es imposible. En ese sentido, no confiamos porque podemos ver. Nosotros podemos ver porque confiamos.

¿Qué sueña un ciego? Sueña con lo que conoce. Y conoce lo que conoce porque lo ha vivido. Es parte de su experiencia. Ninguna persona, incluso los ciegos, puede soñar con aquello que no ha experimentado. Los ciegos no ven, pero en base a su experiencia saben lo que es bueno y lo que es malo para su vida. Se dirigen por lo que conocen. Y usted, ¿qué conoce de Dios?

- ¿Lo ha experimentado?
- ¿Ha podido apreciarlo con los ojos espirituales?
- ¿Está usted viendo la grandeza de Dios en su vida o está usted ciego o corto de vista espiritual?

Déjeme traer a su consideración otra realidad sobre los ciegos y sus sueños. Resulta que no todos lo que son ciegos son ciegos de nacimiento.

Hay muchas personas que han perdido la vista en el transcurso de su vida por una enfermedad o situación desafortunada. Yo pienso que el caso de estas personas es mucho más triste que el de las personas que han nacido ciegas.

Una persona ciega de nacimiento no sabe lo que se ha perdido toda su vida. Pero una persona que ha perdido la vista sabe lo que ha perdido por el resto de su vida.

En adición, no basta con que ahora no podrá ver lo que antes veía, sino que eventualmente las imágenes que conocía se irán borrando de su memoria. Personas que han quedado ciegas en el transcurso de sus vidas testifican que, a medida que pasan los años, las imágenes en sus sueños comienzan a verse borrosas, hasta que finalmente ya no las recuerdan. Eso sí es triste.

En términos de nuestra vida espiritual sucede exactamente lo mismo, y yo diría que, si ese fuese el caso, sería hasta más desafortunado. En la medida que perdemos la visión espiritual, se va perdiendo la imagen de Dios en nosotros. Vamos olvidando lo que Dios ha hecho por nosotros en el pasado. Y créame, no tener visión espiritual es desastroso, pero haberla tenido y perderla es una desgracia mayúscula. Aquel que ha experimentado en su vida la presencia de Dios y luego se ha apartado debe sentirse como el más grande de los miserables.

No obstante, para esta clase de ciegos, tengo una extraordinaria noticia: Dios todavía sana la ceguera. La espiritual y la física. Dios quiere seguir dando vista a los ciegos.

Los ciegos, por su parte, deben querer y creer. Dios sigue dando oportunidades. Nuestros ojos todavía pueden ser abiertos. ¿Lo crees?

¿Qué sueña un ciego? Sueña con lo que conoce. Y está seguro que lo conoce porque aunque no lo ve, sabe que eso con lo que sueña es parte de su vida. Y tú, ¿con qué sueñas?

- ¿Tienes la imagen de Dios en ti?
- ¿Puedes ver a Dios obrando en tu vida o estás ciego de Dios?
- ¿Tienes que ver a Dios obrando en tu vida o puedes creer que Dios está obrando en tu vida en este momento aunque no lo veas?

2 Corintios 5:7 nos dice que caminamos por fe y no por vista. ¿Cómo caminas tú? ¿Prefieres ver para creer que Dios está ahí contigo o prefieres creer y ver que Dios está ahí contigo?

Haz como el ciego. Camina sin ver. Camina en fe. Tu vista no debe estar en lo que tus ojos puedan ver. Tu vista debe estar en Dios. Aunque no lo veas, Él está ahí. Siempre ha estado ahí. ¿Lo sabes, lo recuerdas, o ya lo olvidaste?

El consultorio de Dios para corregir tu vista está siempre abierto. Haz tu cita hoy. Eres el próximo...

DESHACIENDO EL NIDO

Lectura: Proverbios 3:11-13

Mi esposa Carmencita, mi hija menor Ana Cristina y yo llegamos un viernes en la tarde al templo. Esa noche tendríamos la proyección de una película y debíamos hacer los preparativos propios para la ocasión: revisar el equipo de sonido y de proyección, ajustar la pantalla y remover alguna utilería del altar para que se pudiera apreciar la película desde cualquier ángulo. Aproveché para hacer algunas llamadas para coordinar el agasajo al final de la actividad y confirmar la asistencia de algunos hermanos.

Nuestro templo ubica en una hermosa área rural del pueblo de Gurabo, en Puerto Rico. A pesar de esto, no estamos muy retirados de la autopista, de comunidades urbanas o centros comerciales.

Al llegar, y mientras yo abría el templo, mi esposa y mi hija se dieron cuenta de que una pequeña ave estaba sobre uno de los árboles en el área del estacionamiento deshaciendo su nido. La paja y pequeñas ramas iban cayendo al suelo, lo que parecía muy curioso y divertido.

No obstante, ellas notaron de que en el interior del nido todavía se podían observar algunas crías. ¡Esto nos pareció una locura!

¿Cómo era posible que esta pequeña ave estuviera dejando desprotegidas a sus criaturas?

De inmediato nos pareció que esta escena era una confirmación de la conversación que sosteníamos en el auto precisamente mientras estábamos en dirección al templo. Carmencita y yo conversábamos acerca de la necesidad de que nuestros hijos procuren ser más independientes, y de la responsabilidad que tenemos nosotros los padres de instruirlos y capacitarlos adecuadamente para que asuman su responsabilidad personal, social, moral y espiritual cuando ya sean adultos.

Luego de ver lo que esta pequeña ave estaba haciendo, ambos coincidimos en que Dios nos estaba hablando por medio de lo que estábamos viendo.

El asunto me impactó de tal manera que decidí investigar sobre este fenómeno. A medida que profundizaba en mi investigación, más interesante me parecía lo que descubría, y cada vez más encontraba similitudes con la conversación que tuve con mi esposa.

A continuación compartiré algunos de los hallazgos de mi investigación relacionada con la crianza de los hijos y los pájaros deshaciendo sus nidos.

1. El nido no es un lugar de residencia permanente.

Es evidente que las aves que hacen nido no los preparan para habitar en ellos permanentemente. El propósito de preparar un nido es para habilitar un lugar seguro donde la hembra pueda colocar los huevos y empollarlos hasta la eclosión, o el rompimiento del cascarón. Luego, el nido se convierte en un refugio temporero para los pequeños polluelos. Durante un tiempo ellos permanecen en el nido, recibiendo el alimento de parte de sus padres y fortaleciéndose.

Después, el nido pasa a ser una escuela de capacitación, desde donde las crías comienzan a abandonar el área segura del nido para aprender a cazar su propio alimento, y desde donde empiezan a tomar sus primeras lecciones de vuelo.

Una vez que los parajillos aprenden a obtener por sí mismos su propio alimento, y ya dominan las técnicas de vuelo, todas las aves, los padres y los hijos, abandonan el nido para continuar sus vidas de forma independiente.

El abandono del nido implica que, entonces, los padres han cumplido su responsabilidad para con sus pequeños, y los pequeños han asumido responsablemente sus obligaciones adultas.

Ahora bien, en muy raras ocasiones, los pequeños parecen sentirse tan demasiado a gusto con su nido que, en lugar de capacitarse para su vida adulta, se acomodan al nido, contando con que tendrán el sostenimiento permanente de sus padres.

Desde luego, la naturaleza suele ser pertinente al mantener sus asuntos dentro de los parámetros normales establecidos, así tenga que aplicar alguna presión para hacerlos cumplir puntualmente, por lo que los padres no suelen tolerar este tipo de conducta dependiente. Entonces, y ante la mirada sorprendida de cualquiera de nosotros, los padres comenzarán a deshacer el nido, enviando un mensaje claro a sus hijos de que el tiempo del nido ha terminado.

Aplicando esto a nuestra experiencia paternal, debemos también considerar que, salvo algunas excepciones razonables como condiciones de salud, limitaciones físicas o ciertos casos de emergencia o reajuste temporero, el nido no se prepara para que los hijos permanezcan en él de forma permanente. En el nido, los hijos reciben la educación y la formación necesarias para que, en su debido momento, ellos también construyan sus propios nidos. En el nido, los hijos aprenden de los padres a ser padres, para que lo que aprendan como padres lo enseñen igualmente a sus propios hijos.

Desde luego, hay situaciones que son excepcionales. Hay hijos que permanecen viviendo en el hogar, pero eso no significa que dependan de sus padres para su sustento. Son profesionales, gente trabajadora, que permanecen con sus padres por diversas razones, bien sea para cuidarlos o asistirlos en cualquier situación. Otros, como en nuestro caso, vivimos con mis suegros en unidades separadas. Hacemos nuestra vida de familia independiente de la vida de ellos, pero estamos cerca para cualquier necesidad. La propiedad es de mi esposa, y ha sido ella quien los ha mantenido a su cuidado.

A lo que me refiero es al desafortunado hecho de que algunos hijos se mantienen en el hogar de sus padres viviendo como parásitos del nido. Son hijos que no tienen limitaciones físicas ni ninguna otra condición de salud que requiera cuidado permanente en el hogar o que les impida ser productivos, pero no aportan al bienestar del nido, y representan una carga innecesaria a sus padres. Son hijos que se aferran al nido para su subsistencia, lo que demuestra egoísmo, desinterés y falta de compromiso con el propósito natural de la vida misma.

Es por esa razón que se hace necesario en ocasiones afirmar más definitivamente los valores naturales y los propósitos del Reino.

Se hace necesario corregir en amor estas actitudes, imponiendo más afirmativamente nuestro carácter paterno, de modo que el hijo no tenga dudas de que su actitud es inadecuada, y de que la intención es hacer de él o de ella una persona de bien y de provecho para sí mismo y para los demás. Desde luego, a los hijos nunca debe faltarles el amor de los padres, pero el amor no está en el nido. El amor se comparte en el nido y en todo lugar, que no es lo mismo ni se escribe igual.

Según Proverbios 3:11-13, la reprensión y el castigo conducen a la sabiduría y a la inteligencia. Desde luego, esto no siempre lucirá como una decisión simpática, lo que nos lleva a considerar nuestro siguiente descubrimiento.

2. **Deshacer el nido siempre parecerá inadecuado en el momento.**

Lo curioso de nuestra experiencia en el estacionamiento del templo es que el pajarito estaba deshaciendo el nido en la tarde, casi en la noche, lo que nos llevó a especular sobre las posibles razones para ello. Entre esos motivos consideramos la posibilidad de que el pajarito destruyera el nido a esa hora para obligar a los polluelos a buscar su propio lugar en el árbol para dormir, lo que les obligaría a salir volando para hacerlo.

Por otro lado, y en el caso de que el polluelo decidiera no hacer mayores esfuerzos y prefiriera permanecer cerca de donde estaba el nido, al amanecer no tendría otra opción sino la de salir a procurar su propio alimento, porque ya no habrá un nido en el cual se acostumbró a que se lo trajeran cómodamente.

Curiosamente, el momento adecuado para deshacer el nido no siempre suele ser el que a nosotros nos parece que sea el más adecuado. Los seres humanos somos muy dados a postergar estos momentos, sobre todo aquellos momentos en los que tenemos que tomar decisiones definitivas. Somos seres de costumbre, y por lo general, somos muy reacios ante los cambios.

- Le tenemos temor a aceptar nuevas responsabilidades en el lugar de trabajo, o no nos interesamos en otras oportunidades laborales, porque lo que hacemos lo hemos hecho por mucho tiempo, y nos acomodamos a nuestra zona de confort. De todas formas, como dice un refrán, "más vale pájaro en mano que cien volando".
- Permanecemos en relaciones destructivas porque pensamos que buscar otra relación es muy arriesgado. De todas formas, como dice otro refrán, "mejor es malo conocido que bueno por conocer".

- ¿Por qué cambiar, si así las cosas están funcionando de lo mejor?
- Resistimos tanto los cambios que cuando suena la alarma de nuestro despertador la apagamos y la ajustamos para cinco minutos más de sueño. (Yo lo hago. Admito mi culpa).

El nido suele ser cómodamente tentador, y es también una tentación muy cómoda. Las cuatro paredes del templo, las sillas acojinadas y el aire acondicionado son muy espaciosos y acogedores. La almohada y la sábana son definitivamente más deseables y llevaderas que la congestión de tráfico para llegar al trabajo, las herramientas que utilizamos, la gente a la que atendemos, los horarios extendidos y los informes de última hora.

No obstante, la responsabilidad no espera.

- Cuando hay que salir a trabajar, hay que salir a trabajar.
- Cuando somos responsables, dejamos la comodidad del templo para acompañar al necesitado y al perdido en su incomodidad y ayudarlo a salir de ellas.
- Cuando somos responsables, salimos de la tibia cama para enfrentar el calor del día y la tensión del trabajo.
- Cuando somos responsables, salimos del nido a procurar nuestro porvenir y seguir adelante.

Siguiendo con nuestros descubrimientos en esta investigación, encontré otro dato que me pareció muy interesante, y que tiene mucho que ver con este tema.

3. **Los nidos pueden volverse tóxicos.**

Esta es la razón por la que algunas especies de aves preparan sus nidos utilizando materiales de plantas aromáticas que sirven como insecticidas o repelentes de parásitos y otros depredadores. No obstante, esto sirve también para que las crías no deseen quedarse mucho tiempo en el nido o para limitar el tiempo de estadía. Las sustancias químicas de estos materiales pueden producir incomodidad, abrasiones o hasta infecciones si los polluelos permanecen mucho tiempo en contacto con ellos.

Por otro lado, los nidos constituyen un foco de infección por la reproducción de parásitos y gérmenes debido a los excrementos de los polluelos. Usualmente se desarrollan larvas y otros organismos que se alimentan de la sangre de los pichones. Los adultos optan por trasladar en su pico o con sus patas esas heces fecales a otro lugar, de modo que los depredadores no puedan detectar la presencia del nido. En otras ocasiones, y mientras los polluelos son muy pequeños, los adultos optan por comerse esos excrementos.

De esa forma evitan que las crías se enfermen, o que igualmente sean detectados por otros animales y se los coman. Cuando así lo hacen, esto les permite detectar si la cría está desarrollándose saludablemente, y perciben a través de su textura, sabor y otras características cuando el pichón ya está listo para independizarse.

Debo reconocer que esta ilustración es muy gráfica, sin embargo, lo gráfico de esta ilustración nos permite identificar algunos asuntos puntuales en la crianza de nuestros hijos.

Lo ideal es que construyamos el nido de tal modo que le permita a todos identificar el momento en el que debemos dejar que nuestros hijos lo abandonen. Los ingredientes con los que formamos nuestra familia deben contener esos "repelentes naturales" esenciales que le indiquen a nuestros hijos que el momento de asumir responsabilidades propias ha llegado.

De otra parte, debemos ser conscientes de que permanecer en el nido por mucho tiempo puede ser perjudicial para el desarrollo saludable de nuestros hijos. De que el nido puede ser tóxico.

En ese sentido, mucha de la culpa de esta distorsión familiar o disloque formativo lo hemos causado nosotros.

Muchas veces somos nosotros los que hemos consentido demasiado a nuestros polluelos, permitiéndoles que permanezcan en el nido hasta que los parásitos los consuman, o peor aún, consintiendo en que ellos mismos se conviertan en parásitos del nido.

Los pájaros, entonces, son muy sabios al ejecutar las leyes naturales de manera directa, definitiva e impostergable, al punto de que, si fuera necesario deshacer el nido, lo harán sin ningún reparo.

Proverbios 3:11-13 nos exhorta a recibir el castigo y la corrección para que seamos sabios e inteligentes. No obstante, el pasaje indica que ese castigo y corrección le corresponde aplicarlo a los padres que aman a sus hijos, lo que implica que corregir a nuestros hijos es un importante acto de amor.

Para Dios, el castigo y la corrección son sinónimos de amor, sabiduría e inteligencia. En ese sentido, el hijo que se corrige es bienaventurado, alcanza la sabiduría y obtiene la inteligencia. De otro modo, el hijo que menosprecia el castigo y se fatiga por la corrección no es bienaventurado, no alcanza la sabiduría ni obtiene la inteligencia. Esto también implica que el padre que no corrige ni castiga está privando a su hijo de ser bienaventurado, de que no alcance la sabiduría y de que no obtenga la inteligencia.

Es cierto que esta tarea no es la más simpática, pero no hay duda de que es inmensamente necesaria. Yo estoy seguro que para el pájaro adulto que estaba deshaciendo el nido tuvo que ser muy doloroso hacerle esto a sus polluelos, así como para muchos de nosotros no es agradable tener que impartir disciplina, castigo y corrección. Pero, a fin de cuentas, el pájaro sabe que lo tiene que hacer por el bien de sus pichones.

Y nosotros,

- ¿Sabemos lo importante que es la disciplina, el castigo y la corrección para nuestros hijos?
- ¿Sabemos que tenemos la responsabilidad de criarlos con responsabilidad?
- ¿Sabemos que con el castigo y la corrección nuestros hijos adquieren sabiduría e inteligencia?

Entonces, no posterguemos nuestro deber. Seamos responsables. Seamos diligentes. Seamos amorosos. Aunque para eso, tengamos que romperles el nido de la comodidad y el apego enfermizo. Tomar esa decisión a tiempo nos librará de calamidades futuras, y ellos crecerán fuertes, responsables y sabios.

A fin de cuentas, y como dice otro refrán: "Los pajaritos son más chiquitos, y van al río...".

BREVE BIOGRAFIA DEL AUTOR

Elvin Heredia es presbítero de la Iglesia del Nazareno, Distrito Este de Puerto Rico y pastor titular de la Iglesia del Nazareno del pueblo de Gurabo. Posee un Doctorado en Filosofía (PhD.) en Teo-Terapia Familiar y Pastoral Sistémica de ECOTHEOS International University & Bible College en Puerto Rico, un grado de Maestría en Psicología y Consejería Clínica Cristiana de DOXA International University en Florida, USA, y un Bachillerato en Asesoramiento Familiar de la Escuela Graduada de Terapia y Psicología Pastoral de Puerto Rico.

Es consejero certificado en Teo-Terapia (Nivel III) por la International Reciprocity Board of Therapeutic & Rehabilitation (I.R.B.O.), entidad reconocida por la Federación Mundial de Comunidades Terapéuticas y por la Organización de las Naciones Unidas. Es profesor asociado del Seminario Nazareno de Las Américas (SENDAS) en San José, Costa Rica para la Maestría en Ciencias de la Religión con mención en Orientación de la Familia, para el Bachillerato en Teología y para el Bachillerato en Pastoral Juvenil. Ha dictado conferencias y talleres para matrimonios en Puerto Rico, Centro América y los Estados Unidos.

El pastor Heredia vive en Puerto Rico con su esposa Carmencita y sus hijas, Jane Marie y Ana Cristina.

www.ingramcontent.com/pod-product-compliance
Lightning Source LLC
LaVergne TN
LVHW020714110826
845149LV00012B/2267